KB001648

시간은 어떻게 돈이 되었는가?

마르크스 경제학으로 본
자본주의 사회의 시간 싸움

시간은 어떻게
돈이 되었는가?

류동민 지음

"시간은 누구에게나 평등하게 주어질까?" 우리 모두가 언젠가 죽어야 한다는 생물학적 한계, 그리고 하루가 24시간이라는 물리적 동질성은 불변의 원칙이다. 그러나 어쩔 수 없는 유한성 속에서 누군가에게는 더 많은 시간이 주어지는 듯도 하다.

비판적으로 들여다보면, 그 '더 많은 시간'은 돈을 주고 산 것, 나아가 다른 누군가의 시간을 빼앗은 것일 수 있다. 그러므로 시간에 관한 내러티브는 철학적이거나 물리학적인 주제를 넘어 경제학적인 주제가 된다. 아울러 시간은 더 이상 초역사적인 주제가 아니라 자본주의라는 물질적 삶의 방식과 관련된 역사적 주제가 된다. 시간은 우리 삶을 구성하는 기본 단위며 자본주의 경제에서 항상 돈, 그리고 권력이라는 문제와 긴밀하게 연결되기 때문이다.

주어진 시간을 어떻게 활용하여 경제적 성공과 이윤 창출에 기여할 것인가? 자기 계발 혹은 경영 원리라는 이름으로 시간을 다루는 갖가지

이론이 넘쳐 난다. 그런데 막상 사회과학으로서의 경제학은, 적어도 교과서 수준에서는, 시간이라는 주제에 관해 놀라울 정도로 침묵을 고수하고 있다. 이 책은 바로 이러한 문제의식에서 출발했다.

사실 내가 오랜 세월 공부한 것이 마르크스 경제학뿐인 처지라 어떤 글감으로 무엇을 쓰건 결국에는 마르크스 경제학이라는 사유의 틀을 벗어나기가 쉽지 않았다. 표준적이고 전통적인 마르크스 경제학의 체계는 상품-화폐-자본으로 이어지는 《자본론》의 서술 구조에서 크게 벗어나지 않는다. 그런데 이 책에서는 시간 개념을 중심으로 서술 체계를 가다듬었다. 요컨대 자본주의 사회에 대한 해부학적 비판을 목표로 하는 마르크스 경제학을 '시간'의 관점에서, '시간'을 주어로 삼아 다시 써 보려 했다. 비유하자면 '마르크스 경제학'이라는 드라마의 주인공이 '자본'에서 '시간'으로 교체된 것이다.

또 하나 의식적으로 염두에 둔 것은, 마르크스를 거명하지 않으면서 마르크스처럼 말하기였다. 여기에는 몇 가지 이유가 있다. 마르크스라는 치명적 권위에 의거하지 않으면서 나름대로 할 수 있는 얘기를 해 보자는 것, 또 그렇게 함으로써 훨씬 더 자유롭게 생각을 펼칠 수 있으리라는 기대 같은 것 등이다. 마르크스가 '치명적' 권위인 까닭은 똑같은 얘기를 하더라도 마르크스라는 이름 때문에 온갖 오해와 왜곡이 따라붙는 현실을 생각해 보면 쉽게 짐작할 수 있을 것이다.

전후 사정이야 어떻든 책을 쓰려 마음먹었다면, 지은이 입장에서는 무엇인가 말하고 싶다는 내면으로부터의 욕망, 그리고 조지 오웰이 어디에선가 말한 것처럼 세상을 특정한 방향으로 밀고 가려는 정치적 목적을 가졌기 때문일 것이다. 현실적인 계기는 '시간으로 읽는 자본주의'라는 제목으로 네이버 〈파워라이터 ON〉에 글을 연재하게 된 것이었다. 과분하게 주어진 공간이었으니 내면의 욕망은 채우고도 남음이 있겠으나, 마음속으로 설정했던 목표가 아쉬운 대로나마 충족됐는지는 지금 이 순간도 분명하지 않다. 그저 가끔씩 독자들의 삶에 통찰을 던져 줄 수 있는 부분이 나 자신도 모르는 사이에(!) 숨어 있었기를 바랄 따름이다.

일정 분량의 연재라는 형식이 불가피하게 글의 내용을 규정하는 현상 때문에 서술과 사고 전개의 균형이 조화롭게 유지되지 못한 측면이 있다. 책으로 묶는 과정에서 대폭적인 리노베이션을 거쳐 다듬을 요량이었으나, 이미 쓰인 글이 부여받은 나름대로의 생명력과 지은이의 천성적인 게으름 때문에 그 또한 여의치 않았다. 다행히 휴머니스트의 황서현 주간과 이보람 편집자의 꾸준한 격려와 노력에 힘입어 이나마 책의 모양을 갖추게 되었다. 이 자리를 빌려 깊은 감사의 마음을 전한다.

무미건조한 글임에도 연재될 때마다 꾸준히 댓글을 달아 준 독자들도 여러 분 계셨다. 격려는 물론 비판의 댓글은 특히 많은 도움이 되었다. 정확하게 재현했다고 믿었던 나의 생각이 제대로 전달되지 못하는 경우도 종종 있었고, 글의 흐름에 취해 무리하게 주장을 밀어붙인 탓에 생긴 잘못도 많았다. 그러한 오해와 실수의 과정을 실시간으로 확인하는 것은 정말로 큰 공부가 되었다. 독자들께도 머리 숙여 감사드린다.

2018년 2월
류동민

자본주의적 삶 속에서 잃어버린 시간을 추적하다

시간 관리, 그리고 시간을 잘 지키는 것은 근대성의 매우 중요한 요소다. 오래전 '코리안 타임'은 약속 시간을 잘 지키지 않는 한국인의 전근대적 속성을 가리키는 말이었다. 민족성이니 문화적 특성이니 하는 것들은 그러나 물질적 삶의 방식이 변화함에 따라 때로는 허무할 정도로 쉽게 사라지곤 한다. 그리하여 '코리안 타임'의 뒤를 이은 '빨리빨리'가 압축적 성장 과정을 특징지었다. 그리고 이제는 시간을 자기주도적으로 관리하는 것이, 적극적으로는 현세적 성공을 위한 덕목이면서 소극적으로는 경쟁에서 뒤처지지 않기 위한 최소한의 방어기제가 되어 버렸다.

시간은 돈인 동시에 권력이다. 돈이 권력이 되는 곳이 바로 자본주의 사회라면, 이제 시간은 자본주의를 정의하는 키워드인 셈이다. 시간은 한편으로는 인간의 생물학적 유한성을 의미하는 초역사적 개념이면서, 다른 한편으로는 자본주의적 삶이라는 역사성을 구성하는 개념이다. 때로 우리는 시간을 '사용하기도' 하지만 시간에 '쫓기기도' 한다. 사용한다는 능동적 의미와 쫓겨 다니며 허덕인다는 수동적 의미, 그 모순되는 지점 어딘가에 자본주의의 진실은 존재할 것이다.

17세기 영국의 시인 앤드루 마블Andrew Marvell의 〈수줍어하는 그의 여인에게To His Coy Mistress〉라는 시를 읽어 보자.

But at my back I always hear

Time's winged chariot hurrying near;

And yonder all before us lie

Deserts of vast eternity.

Thy beauty shall no more be found;

Nor, in thy marble vault,

(…)

And your quaint honour turn to dust,

And into ashes all my lust;

"그러나 언제나 바로 등 뒤에서 날개 단 시간의 전차가 급히 달려오는 소리가 들린다오." 화자는 시간의 덧없음을 일깨움으로써 어느 여인을 유혹하려 한다. 지금 제아무리 화려한 자태를 도도하게 자랑할지라도, "결국 대리석 묘지 안에서는 아름다운 그대 모습 더 이상 볼 수 없으며 (…) 그대의 고리타분한 정절 역시 티끌로 변해 내 온갖 욕정은 재가 되"고 말 것이라고.

경제학의 눈으로 낭만주의 시구를 읽으면, 시간이 상징하는 경제 구조의 철칙이 떠오른다. "과거는 이미 흘러갔고 미래는 아직 오지 않았으며 현재는 머물지 아니하므로 시간은 실재하지 않는다."●라고 아무리 도리질을 쳐 본들 "날개 단 시간의 전차"는 우리를 앞으로만 밀어붙인다. 삶의 국면마다 시간은 거스를 수 없는 힘으로 우리를 조여 온다. 그리고 시간의 측정과 평가는 자본주의적 시장에 걸맞은 방식으로 끊임없이 재구성된다.

세상 사람 누구에게나 평등한 것은 한정된 시간이 주어진다는 사실뿐일지도 모른다. 경제학이 희소한 자원의 효율적 배분을 다루는 학문이라는 교과서적 정의를 받아들이더라도, 그 궁극의 희소성은 다름 아닌 '시간'에서 찾아야 한다. 나아가 희소성이라는 주류 담론을 거부함으로써 자원의 생산과 배분을 둘러싼 사람들 사이의 관계에 주목한다면, 경제학은 무엇보다도 시간의 재구성, 그리고 시간이 우리 삶에 미치는 영향에 관한 내러티브를 마련해 줄 것이다.

주류 경제학 담론의 대척점에 놓인 마르크스는 자본주의 사회를 자본이 지배하는 곳으로 파악한다. 그의 책 제목이 《자본론》인 까닭이다. 《자본론》에서는 그러나 곧바로 자본을 다루지는 않는다. 먼저 상품으로부터 출발하여 화폐로, 다시 화폐에서 자본으로 나아가는 구성을 취한다. 헤겔의 영향이 강하게 남아 있는 이 철학적 논리 전개를 시간 개념을 중심으로 재구성할 수도 있다. 상품생산에 필요한 노동시간, 노동자가 노동

● 이른바 회의론자의 추론이다. 폴 리쾨르 지음, 김한식·이경래 옮김, 《시간과 이야기 1》, 문학과지성사, 1999, 33쪽.

력을 유지하기 위해 재화를 소비하는 시간, 그렇게 채워지는 삶의 시간, 자본이 주도하는 기술혁신의 시간, 그로 말미암아 변화하고 재구성되는 시간, 자본 권력을 가진 이의 시간과 그렇지 못한 이의 시간, 그 서로 다른 시간들의 엇갈림. 이렇듯 시간을 키워드로 자본주의 경제를 다양하게 읽어 낼 수 있다.

마르셀 프루스트Marcel Proust가 공기처럼 스며든 일상에서 기억의 조각을 극한까지 찾아 나가듯, 자본주의적 삶 속에서 한편으로는 거부할 수 없는 강박이되 다른 한편으로는 끊임없이 지워져 가는 시간의 자취를 추적하는 것, '시간은 어떻게 돈이 되었는가?'라는 제목으로 지금부터 시작하려는 작업이다.

1

만화경 속 세상

주체와 객체

첫 부분은 항상 어렵다

"첫 부분이 항상 어렵다는 것은 어느 과학에서나 마찬가지다."● 1867년에 출간된《자본론》제1권 초판 서문에서 카를 마르크스Karl Marx가 한 말이다. 그렇다면 경제학의 "첫 부분"은 무엇일까? 조앤 로빈슨Joan Robinson의 정의처럼, 경제학이 '인간의 제 조건에 관해 인간이 수행하는 연구'라면, 우리는 인간이라는 주체에서부터 시작해야 한다.

인식의 주체와 객체라는 이분법적 관점으로 이 문제에 접근해 보자. 먼저 나라는 개인이건 혹은 확장된 나, 즉 나의 경계를 넘어서는 모종의 인간 집단이건 간에, 인식의 주체는 결국 인간이다. 근대의 출발점인 '나는 생각한다. 고로 나는 존재한다.'라는 르네 데카르트René Descartes의 명제가 말하는 바이기도 하다. 한편 1776년에 출간된 애덤 스미스Adam Smith의《국부론》이래로 경제학은 물질적 부를 분석 대상으로 삼았다. 그러므로 우리에게는 주체인 인간에게 초점을 맞추거나 객체인 물질적 부에 초점을 맞추는 두 가지 선택지가 주어진다.

그러나 주체와 객체의 모호한 경계, 아니 그보다는 객체를 통해 주체

● 카를 마르크스 지음, 김수행 옮김,《자본론 I-상》, 비봉출판사, 2015, 3쪽.

들이 서로 관계를 맺는다는 점을 강조함으로써 시작하는 것은 어떨까?

만화경 속의 풍경은 들여다볼 때마다 다르다. 똑같은 모양은 반복되지 않는다. 알 수 없는 형체, 뜻 모를 모습, 그 재미의 핵심은 바로 예측 불가능성에 있다. 들여다보는 이는 나이건만, 눈앞에 펼쳐지는 풍경은 내가 통제할 수 없다. 이때 나는 주체이고, 만화경 속 세상은 객체일까? 오히려 그 예측할 수 없는 세상이야말로 주체이고, 그것을 의식하며 들여다보고 있는 내가 객체는 아닐까?

우리의 경제적 삶은 어떠한가? 일반적으로 경제학은 경제생활의 주체와 객체를 구분하는 데서 출발한다. 장자의 호접몽胡蝶夢처럼, 나비가 나인 듯 내가 나비인 듯한 것은, 인문학의 세계에 속할 수는 있어도 엄밀 과학인 체하는 경제학의 세계에 속하진 않는다. 그렇지만 말이다. 소비에 대한 욕구 혹은 욕망을 갖고 움직이는 내가 주체이고, 그것을 충족시키는 재화나 서비스는 단지 객체에 지나지 않을까? 혹여 만화경 속 세상처럼 스스로의 추동력을 가진 채 펼쳐지는 다채로운 재화의 세계가 주체이고, 막상 나는 그 주체에 휘둘리는 객체일 수도 있지 않을까?

소비하는 인간에서 경제학적 인간으로

아리스토텔레스의 '정치적 동물'에서부터 요한 하위징아Johan Huizinga의 '유희적 인간Homo Ludens'에 이르기까지 인간 종에 대한 정의는 끊이지 않는다. 그런데 경제 주체에 초점을 맞추면, 인간은 궁극적으로 '소비하는 인간Homo Consumus'이 된다. '소비하는 인간'은 신용 카드를 휘날리며 백화점 명품관에서 값비싼 소비를 함으로써, 그리고 그 행위에 쏟아지는 부러움의 눈초리를 즐기며 존재 의미를 만끽하는 '베블런적 인간'●만을 가리키지 않는다. 욕구와 욕망의 철학적 구분 따위를 무시하더라도 인간은 결국 무언가를 먹고 마셔야, 즉 소비해야 육체적으로 생존할 수 있다. '무언가를 소비하려면, 먼저 누군가가 그것을 생산해야 한다.'라는 명제는 참이다. 그러나 주체가 삶을 유지하는 것이 궁극적 목적이라면 '생산하는 인간'은 '소비하는 인간'에게 종속될 수밖에 없다.

이렇게 주체를 앞세우면, 논의의 무게 중심은 자연스럽게 '소비'로 옮아간다. 별다른 제약이 없다면 소비의 원리는 지극히 간단하다. 물릴 때까지 먹고 지칠 때까지 소비하면 된다. 그러나 소비의 대상은 희소하다. 희소하다는 것은 상대적 개념으로, 그것을 구할 수 있는 우리의 능력에 비해 드물다는 뜻이다. 자본주의 시장경제에서 그 능력이란, 개인 차원에서 동원할 수 있는 돈의 양을 말한다. 우리는 한정된 금액의 돈을 일정 기간 동안 효과적으로 배분하여 지출함으로써 목표를 달성해야 한다.

합리적 선택Rational Choice이라는 만능 개념이 바로 여기서 모습을 드러낸다. 합리적으로 선택하는 인간, 즉 '경제학적 인간Homo Economicus'이다. 이 세상의 모든 문제에 있어, 합리적 선택이야말로 합리적 인간의 행동 원칙일 것이다. 자녀 양육에서부터 결혼, 이혼, 자살, 심지어는 효과적

●　베블런이 말하는 '과시적 소비'는 부자에게만 국한되지 않는다. 그야말로 '죽지 않기 위해 먹는' 최소한의 소비를 넘어서는 모든 소비 행위는 본질적으로 과시적 성격을 지닌다.

인 테러 방법●에 이르기까지 모두 경제학의 연구 대상이라 주장되는 까닭이 여기에 있다. 경제학이 제국주의적 학문이라는 악명을 얻게 된 이유이기도 하다.

합리적 소비와 비합리적 소비의 모호한 경계

'합리적 인간은 다름 아닌 합리적으로 선택하는 인간이다!' 이 명제가 언뜻 내비치는 동어 반복의 혐의를 넘어서 합리적 선택의 끝을 좇다 보면, 우리는 필연적으로 구조에 가 닿게 된다. 나는 출근길에 여러 카페를 지나친다. 그중에서 가장 값싼 커피를 파는 곳에 들러 싸구려 커피를 마신다. 장기하와얼굴들의 노래 〈싸구려 커피〉처럼 "비닐 장판에 발바닥이 쩍 달라붙었다 떨어"지는 방에 누워 자판기 커피를 마실 수도 있다. 그렇다면 내가 싸구려 커피를 마시는 것은 자발적 선택인가, 아니면 구조의 강제인가?

저렴한 카페에 들어설 때, 그곳에서 커피를 마셔야 한다고 누구도 협박하거나 강제하지 않았다는 의미에서 그것은 나의 자발적 선택이다. 가벼운 주머니 사정을 충분히 감안했다는 의미에서 나름 합리적인 선택이기도 하다. 그러나 내가 더 비싼 카페를 지나친 까닭을 설명하기 위해서는

● 《세상물정의 경제학》(스티븐 레빗·스티븐 더브너 지음, 한채원 옮김, 위즈덤하우스, 2015) 은 이 주제를 제법 진지하게 다룬다.

내 주머니 속에 왜 충분한 돈이 없는지, 내 소득은 왜 그 정도밖에 안 되는지를 다루어야 한다. 심지어는 21세기 한국의 도시 한복판에서 내가 왜 식혜가 아니라 커피를 마시는지도 다루어야 하며, 그것은 내 의지로 어찌할 수 없는 구조적인 그 무엇에 대한 해명을 요구한다.

내 강의를 들었던 어느 학생의 이야기다. 그는 재수생 시절에 자신의 주머니 사정에 걸맞지 않은 값비싼 카푸치노를 밤마다 한 잔씩 마셨다고 한다. 하루 종일 수고한 자신에게 스스로 베푸는 유일한 선물이라 생각했다는 것이다. 여기서 다시금 합리적 소비와 비합리적 소비의 경계가 모호해진다. 하루 용돈의 절반 이상을 커피 한 잔에 지출하는 것은 분명히 비합리적인 행동이다. 그렇지만 그 일이 자신에게 특별한 만족과 위안을 가져다준다면 합리적이라 할 수 있다. 특별한 만족과 위안을 외면할 합리적 근거가 없기 때문이다. 합리성의 의미를 이런 식으로 유연하게 해석하면 모든 소비는 궁극적으로 합리적일 여지를 갖는다.

선호Preference가 순전히 마음먹기에 달렸다고 생각한다면, 유일하게 남는 제약은 내가 쓸 수 있는 돈의 양뿐이다. 개인의 자율적 행동으로 극복할 수 없는 모든 것에 '구조'라 이름 붙인다면, 소비 주체에게 부과되는 가장 중요한 구조는 예산 제약일 것이다. 예산 제약에 집중함으로써 다른 구조들은 시야에서 사라지거나 최소한 멀어져 간다. 즉 경제학이 소비 주체의 합리적 선택에 주목할 때 결국엔 구조를 간과하게 되는 메커니즘이 작동하는 것이다.

구조, 신 혹은 괴물?

어떤 구조가 존재한다는 것은 우리가 자신의 삶을 완전히 통제할 수 없다는 사실을 의미한다. 우리에게 일어난 일은 개인의 자발적 선택만으로는 남김없이 설명되지 못한다. 우리는 개인적 사건으로부터 좌절과 슬픔이라는 감정을 경험하고, 사랑·우정·사회적 평판의 형태로 타인에게서 인정받거나 인정받지 못하는 등 내 의지만으로는 어찌할 수 없는 수많은 구조에 직면한다. 감정의 구조, 인정 혹은 불인정의 구조, 이 모두가 넓은 의미에서 정치적 구조다.

자본주의는 그 어찌할 수 없는 구조에 얹힌 또 하나의 구조다. 자본주의가 없더라도, 우리가 경험하는 좌절과 슬픔, 인정 욕구의 실패는 끊임없이 이어질 것이므로. 그럼에도 자본주의가 그러한 좌절과 실패를 강화하는 기제를 갖추고 있다면, 혹은 그 좌절과 실패에 대해 처음부터 무관심한 기제를 갖추고 있다면, 자본주의를 빼놓고는 우리가 느끼는 통제 불가능한 이 구조를 제대로 설명할 수 없다.

자본주의 사회에서 시장은 마치 바뤼흐 스피노자Baruch Spinoza의 범신론Pantheism처럼 언제 어디서나 존재하는 신과도 같다.●

스피노자가《에티카》〈제1부 신에 관하여〉에서 어떻게 말하고 있는지를 보자.●●

● Fredric Jameson, *Representing Capital*, Verso, 2011, p.7.

●● B. 스피노자 지음, 황태연 옮김,《에티카》, 피앤비, 2011, 68~74쪽.

[정리 14] 신 이외에는, 어떠한 실체도 존재할 수 없으며, 또한 파악될 수도 없다.

[정리 15] 존재하는 것은 모두 신 안에 있으며, 신 없이는 아무것도 존재할 수도 또 파악될 수도 없다.

[정리 17] 신은 그 자신의 법칙에 의해서만 활동하고, 다른 어떤 것에 의해서도 강제되지 않는다.

[정리 14]와 [정리 15]를 바탕으로 [정리 17]이 나온다. 여기서 신을 시장으로 바꿔도 스피노자의 정리는 완벽하게 성립한다. 시장 이외에는 어떠한 실체도 존재할 수 없으며 파악되지도 않는다. 시장은 그 자신의 법칙에 의해서만 활동한다. 그리하여 존재하는 모든 것은 시장의 법칙을 통해서만 활동하고 강제된다. 이렇게 우리는 삶에서 직면하는 크고 작은 선택의 순간에 점점 더 시장에서의 평가를 준거로 삼게 된다.

우리가 만들었으되 우리의 통제를 벗어나 오히려 우리를 지배하는 괴물. 프랑켄슈타인 박사가 만든 괴물은 프랑켄슈타인 자신이면서 때로는 현대 기계 문명, 때로는 인간의 욕망, 때로는 운명 같은 그 무엇을 은유한다. 그러나 자본주의적 기제가 그 모든 것을 강화하고 그 위에 얹히기에 적합한 구조물이라 본다면, 자본주의 자체를 프랑켄슈타인으로 볼 수도 있다.● 이러한 맥락에서 마르크스는 자본주의를 우리 삶을 옥죄는 구조, 통제할 수 없는 괴물에 빗댄다.

마르크스에 대한 비판론자인 멕시코의 루도비코 실바는 마르크스가 활용한 은유의 어원학적 의미를 파고들었다. 그는 마르크스에게 자본주의 자체가 바로 은유로서 이러한 은유를 통해, 자본주의가 인간의 삶을 주체에서 객체로, 사용가치에서 교환가치로, 인간에서 괴물로 소외시키는 과정에 대해 논쟁하기 위한 논리 전환의 방식임을 주목했다. 이렇게 보면, 《자본론》에서 마르크스가 활용한 문학적 스타일이란, 마치 두꺼운 빵에 잔뜩 바르는 잼처럼 경제학 개념을 설명할 때 허용되지 않는 어떤 과장되고 현란한 표현이 아니었던 것이다. 그것은 겉으로만 보면 놓치기 쉬운 사물의 애매한 본질을 드러내기에 가장 적절한 언어이자, 기존의 정치경제학이나 인류학 또는 역사와 같은 분야의 틀로만 한정할 수 없는 존재론적 작업이라고 할 수 있다.●●

　원칙적으로 시장에서는 가격이라는 시그널만 보고 의사 결정을 하면 된다. 상품의 가격, 엄밀하게는 품질에 상응하는 가격(이른바 '가성비')이 주는 정보 말고는 관심을 가질 까닭도 여유도 없다. 상품을 사고팔 때 구매자와 판매자 사이에는 딱 그만큼의 상호성만 필요하다는 의미에서, 시장에서 맺어지는 상호 관계는 비인격적Impersonal이다. 흔히 경제 논리라 불리는 것, 즉 정치 논리나 어떤 비경제 논리로도 침해할 수 없는 통제 불가

● 　프랑켄슈타인 이야기에서 자본주의가 만들어 냈으나 그에 저항하며 자본주의를 위협하는 괴물로서의 프롤레타리아를 찾아내는 독법도 있다. 《공포의 변증법》(프랑코 모레티 지음, 조형준 옮김, 새물결, 2014)을 참고하라.
●● 　프랜시스 윈 지음, 김민웅 옮김, 《자본론 이펙트》, 세종서적, 2014, 137~138쪽.

능한 자율성을 지닌 원리, 정확하게는 시장 논리라 불리는 '수요와 공급의 법칙'이 바로 그렇다. 시장은 주어진 원칙에 따라 깔끔하게 거래가 이루어지는 공간이라는 인식, 사람들 사이의 상호 이해나 교류는 최소한만 필요한 공간일 뿐이라는 인식, 그러므로 시장은 우리의 나머지 삶과 깨끗하게 분리될 수 있다는 인식이 여기서 싹튼다.

그렇다면 시장은 신처럼 어디에나 존재하면서 동시에 우리의 비시장적 삶으로부터는 격리되어 있을까? 만약 전자가 진실이라면, 후자는 그것을 가리는 이데올로기에 지나지 않는다. 시장이 어디에나 존재하는 것이라면, 논리적으로 비시장적 삶이란 있을 수 없기 때문이다. '사기 싫으면 안 사면 그만이다.'라는 말이 담고 있는 소비 주체의 자율성은 바로 그 이데올로기 안에서만 완전하게 존재할 수 있다. 시장과 비시장적 삶, 경제 논리와 정치 논리를 엄격하게 구별하려는 시도가 어쩔 수 없이 이데올로기적 투쟁의 대상이 되는 까닭이다. 과감하게 단순화하면, 성장 vs. 분배, 효율 vs. 공평, 비정규직 노동, 민영화, 대학 개혁 등 자본주의 사회에서 일어나는 거의 모든 싸움은 시장(경제) 논리와 비시장 논리의 싸움이다.

상품은 객체일 따름인가

하늘에서 떨어지는 만나가 아닌 한, 재화는 누군가의 손에서 만들어져야 비로소 소비 대상이 될 수 있다. 자본주의 시장경제에서 객체는 압도적으로 '상품'이라는 형태로 존재한다. 심지어는 자본주의의 극복, 적어도 그 보완을 지향하는 협동조합에서 만든 생산물조차 상당수가 상품 형태로 거래된다. 그러므로 자본주의적인 상품생산인지 단순상품생산•인지를 따지는 것은, 어떤 의미에서는 불필요한 현학에 지나지 않는다. 그리하여 우리는 곧바로 자본주의적 상품의 분석으로 들어가야 한다.

시장으로 불려 나와 팔리기를 기다리는 상품 안에는 이미 사람들 사이의 사회관계가 담겨 있다. 객체를 생산함으로써 주체 스스로도 만들어진다. 제화 노동자의 눈에는 사람들의 발부터 보이고 피부과 의사의 눈에는 사람들의 살결부터 들어오듯이, 내가 무엇을 만드는 사람인가는 내가 누구인가를 규정한다. 게다가 재화나 서비스의 생산과정을 처음부터 끝까지 혼자 온전히 책임지지 않는 한, 나는 누군가와 협력하고 갈등하면서 상품생산에 참가할 수밖에 없다.

'나는 다름 아닌 나 자신이 맺고 있는 사회관계의 총체'라는 명제는 여기서도 성립한다. 연인과의 교감이 없는 사랑, 친구와의 교감이 없는 우정은 애초부터 사랑도 우정도 될 수 없다. 교감을 통해 사랑이나 우정이 성립할 뿐만 아니라 그 속에서 나 자신과 상대조차도 끊임없이 변형되어 다시 태어난다. 그러므로 상품은 단지 객체로서 소비 주체와 마주하는 것만은 아니다. 이미 그전에 상품과 상품생산자, 그리고 어쩌면 더욱 중요하게는 상품생산자들 사이의 관계를 담은 뒤에야 비로소 상품은 시장

● 　자본주의 사회가 아닌 곳에서도 시장은 존재할 수 있다. 각각 독립적으로 자신이 직접 만든 상품을 시장에 들고 나와 교환하는 비교적 평등한 상품생산자들로 이루어진 사회는 자본주의적 상품생산이 아니라 단순상품생산을 한다고 볼 수 있다.

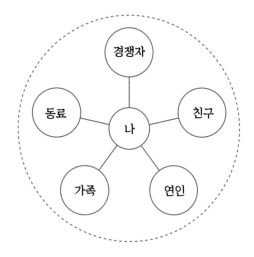

<그림 1.1> 확장된 나

나는 친구, 연인, 가족 등과 다양한 사회관계를 맺고 있다. 이들과 교감하면서 사랑이나 우정이 성립하고 그 속에서 나 자신과 상대도 끊임없이 변형되어 다시 태어난다.

에 나온다.

그렇다면 상품은 결국 주체인 나에게 맞서는 객체인 물건으로 끝나지 않는다. 주체와 객체의 관계보다 더 중요한 것은 그 객체를 만들어 내는 과정에서 사람들이 맺는 관계다. 상품과 나의 관계는 서로 분리되는 주체와 객체의 관계가 아니다. 나, 그리고 눈에 보이지 않는 다른 사람들 사이의 관계다. 따라서 객체를 앞세우는 것은 실은 그것의 생산을 둘러싸고 맺어지는 주체들 사이의 관계에 주목함을 의미한다.

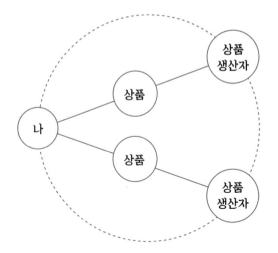

<그림 1.2> 나와 상품의 관계

상품과 상품생산자, 상품생산자들 사이의 관계를 담은 뒤에야 상품은 시장에 나온다. 나와 상품의 관계는 결국 나와 다른 사람들 사이의 관계를 반영한다.

시간을 주어로 놓고 술어들을 펼치다

따라서 우리는 상품생산에 대해, 도대체 상품이 어떻게 만들어지는가에 관해 살펴보아야 한다. 그런데 우리가 다루는 것이 자본주의적 상품이니, 그것이 만들어지는 과정 또한 자본주의적일 터이다. 비자본주의적 방식으로 생산된 상품이라 하더라도 자본주의 시장경제에서 거래되면서 자본주의적 방식으로 만들어진 상품과 경쟁함으로써 궁극적으로는 같은 원리의 지배를 받게 된다.

자본주의적 방식이든 그렇지 않든, 모든 생산은 주어진 시점에서의 기술 한계를 돌파할 수 없다. 마술사가 아닌 한, 만들려는 의지만으로 생산할 수는 없다. '경제는 마음먹기에 달려 있다.'라는 세간의 헛된 믿음은 금융 시장의 특정 국면에는 적용할 수 있을지 몰라도 물질적 재화의 생산에는 통하지 않는다. 또 하나 중요한 한계는 '생산에는 시간이 걸린다 Production takes time.'라는 당연한 사실이다. 〈프롤로그〉에서 본 앤드루 마블의 시에 등장하는 "날개 단 시간의 전차"는 우리가 통제할 수 없는 구조를 상징한다. 상품생산을 둘러싼 사람들 사이의 관계를 시간 개념으로 포착하는 것은, 그러므로 자본주의적 삶의 배후에 놓인 어찌할 수 없는 구조를 파악하는 일이기도 하다. 자본주의적 상품이 생산될 때 시간은 어떻게 조직되고 관리되며 구조로서 작동하는가?

시간 그 자체는 태초부터 있어 온 초역사적 범주에 속하지만, 시간의 측정과 평가 그리고 그 획득을 둘러싼 대립과 갈등을 통해 자본주의를 이해하면 어떨까? 시간이라는 키워드를 주어로 놓고 그 술어들을 펼치는 것. 그렇게 함으로써 결국에는 주체와 객체의 인위적인 분리를 넘어서는 것. 그리하여 만화경 속 세상처럼 엄청난 규모의 상품 더미 속에서 내가 맺고 있는 관계의 총체로서 나 자신이 어떻게 구성되는지를 추적하는 것. 이것이 바로 주체와 객체의 모호한 경계를 가로질러 객체가 생산되면서 동시에 주체 스스로도 생산되는 과정을 찾도록 도울 것이다.

2

나의 배고픔과 너의 배고픔

개별과 보편을 오가는 운동

시위대도 전경도 기자도 먹어야 산다

소설가 김훈이 기자 시절 쓴 '거리의 칼럼' 중 한 편. 어느 시위 현장에서 맞이한 점심시간, 시위대도 전경도 그리고 옆에서 그들을 관찰하는 업을 가진 기자도, 하던 일을 멈추고 제각기 밥을 먹는다. 이어서 기자는 덧붙인다.

> 밥은 누구나 다 먹어야 하는 것이지만, 제 목구멍으로 넘어가는 밥만이 각자의 고픈 배를 채워 줄 수가 있다. 밥은 개별적이면서도 보편적이다. 시위 현장의 점심시간은 문득 고요하고 평화롭다. 황사 바람 부는 거리에서 시위 군중의 밥과 전경의 밥과 기자의 밥은 다르지 않았다. 그 거리에서, 밥의 개별성과 보편성은 같은 것이었다. 아마도 세상의 모든 밥이 그러할 것이다.●

시위 군중도 전경도 그리고 기자도 먹음으로써 배고픔을 해결해야 하는 주체다. 주체를 앞세울 때 소비에 주목하게 된다는 명제는 여기서도

● 김훈, 《라면을 끓이며》, 문학동네, 2015, 75쪽.

들어맞는다. 영국의 경제학자 윌리엄 스탠리 제번스William Stanley Jevons는 바로 이 지점에서 '쾌락과 고통의 미분학Calculus of Pleasure and Pain'이라는 경제학 담론을 제기한다. 배고픔이 주는 고통, 그리고 그것이 해소될 때의 쾌락. 주체는 머릿속에서 이 둘을 끊임없이 저울질하면서 치밀하게 계산한 끝에 어떤 행동을 할지 선택한다.

모든 소비는 종국에는 개별적이다. 타인이 사치스럽게 즐기는 음식은 나의 배고픔을 단 한 조각도 덜어 주지 못한다. 개별성이 보편적인 것으로 인식되기 위해서는 어떤 매개가 필요하다. 그런데 자본주의 시장경제에서 모든 개별을 뛰어넘어 하나의 동질적인 실체를 만드는 것이 돈이다. 누구나 돈을 좇아 움직이는 까닭이다. 그렇지만 우리는 돈을 버는 궁극의 목적이 소비에 있다는 사실을 종종 잊고 지낸다. 그러다가 그 사실은 삶의 어느 국면에서 강력하게 스스로를 입증한다.

예금 통장에 찍힌 관념적 숫자는 잠재적으로만 내 욕구를 충족할 뿐이다. 그 숫자의 일부라도 헐어 필요한 물건으로 바꿀 때에야 비로소 현실에서 욕구가 충족된다. 편의점 아르바이트 노동자가 손님 눈치를 보며 급하게 입안으로 구겨 넣는 삼각김밥은 몇 천 원의 시급보다도 훨씬 더 생생하게 그(녀)의 욕구를 해결해 준다. 그러므로 '보편'은 누구나 배고픔을 느낀다는 사실, 때가 되면 밥을 먹어야 한다는 사실에 있다.

나는 너의 기쁨에 얼마나 공감할 수 있는가

누구나 밥을 먹어야 한다는 명제는 실로 보편타당하지만, 그 보편성은 특정인의 배고픔이 아니라 배고픔 일반이라는 추상적인 개념에 둘러싸여 있다. 그러므로 나라는 개별에서 멀리 떨어진 배고픔 일반의 의미를 받아들이기 위해서는 모종의 상상력, 감정 이입, 혹은 애덤 스미스가 말하는 공감Sympathy이 필요하다. 너의 굶주림과 그것이 해소될 때 네가 가질 포만감에 나는 얼마나, 그리고 어떻게 공감할 수 있을까?

스미스는《도덕감정론》에서 타인의 슬픔은 기쁨보다 훨씬 더 생생하게 다가오지만 당사자가 느끼는 강도로 받아들이기는 어렵다고 말한다. 그러므로 슬픔을 겪는 이는 위로하는 이의 눈높이에 맞추어 자신의 슬픔을 어느 정도 내려놓아야 하며, 위로하는 이는 자연스레 공감하는 수준을 넘어 슬픔을 느끼기 위해 노력해야 한다.

스미스의 주장은, 적어도 나의 체험과 딱 들어맞지는 않는다. 타인의 커다란 기쁨이 너무나 생생하여 오히려 질투와 고통을 가져다주는 경우가 있기 때문이다. 친구의 슬픔에 공감하여 밤새 함께 술 마시며 위로해주는 일은, 내게 있어 그(녀)가 정말로 친한 친구라면 그다지 어렵지 않다. 친구의 기쁨을 내 일처럼 받아들이는 것 또한 마찬가지다. 홀로 주체하기 힘들 정도의 큰 슬픔 혹은 큰 기쁨에 대해서는 어떤가? 지극히 개인적인 경험으로 판단해 보건대, 커다란 기쁨에 흔쾌히 기뻐해 줄수록 나는 그(녀)에게, 그리고 그(녀)는 내게 소중한 사람이다. 내가 얻은 큰 기쁨에 공감하기를 주저하는 듯한 이는 아마도 나를 그다지 소중한 사람으로 생각하지 않는 것 같아 찜찜하다. 바꿔 말하면, 타인의 작은 기쁨에 공감하기는 쉬우나 오히려 큰 기쁨에 공감하기는 어렵다. 때로 그것은 타인의 큰 슬픔에 공감하기보다도 어렵다.

질투가 공감의 커다란 장해물임을 인정하더라도, 스미스가 그토록 강조한 공감의 중요성이 덜해지는 것은 아니다. 너나 나나 예외 없이 배고픔을 해결해야 한다는 명제의 보편성은, 너의 배고픔에 내가 공감하려는 노력이 결코 쉽지만은 않다는 실존적 개별성과 충돌한다. 그렇다면 밥의 개별성과 보편성은 같은 듯 같지 않다.

오래전 아리스토텔레스가 도달했으되 앞으로 더 나아가지 못했던 결론, 즉 교환은 '같은 것끼리의 교환'●이라는 이야기를 꺼내 보자. 개별적 실존의 영역인 소비의 즐거움에서 '같은 것'을 찾아내기란 쉽지 않다. 시장에서 교환되는 것은 상품과 상품이다. 그런데 실은 그 상품을 소비함으로써 얻는 즐거움이 거래되는 것이라면, 즉 나의 즐거움과 너의 즐거움이 교환된다면, 그때에 스미스가 말한 공감은 필연적으로 나타난다.

그렇다면 과연 나의 즐거움은 네게 투명하게 전달될 수 있는가? 너는 그렇게 전달받은 즐거움을 똑같은 크기의 공감으로 내게 돌려줄 수 있는가? 여기에는 재현Representation의 불가능성과 은폐 가능성이라는 두 가지 문제가 숨어 있다. 요컨대 내가 얻는 즐거움의 크기를 자신도 모를 수 있

● 아리스토텔레스는 서로 다른 두 개의 물건이 교환된다면 무언가 '같은 것'이 들어 있기 때문일 터인데 그런 것은 없다고 생각했다. 마르크스는 《자본론》 제1권에서, 아리스토텔레스가 노예 노동에 바탕을 둔 사회, 즉 "사람들도 같지 않고 그들의 노동력도 같지 않다는 것을 사회의 자연적 토대로 삼"는 사회에 살고 있었기 때문에 더 이상 앞으로 나갈 수 없었다고 지적한다.

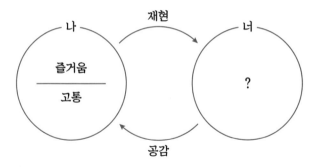

<그림 2.1> 재현과 공감의 상호 작용

나의 즐거움/고통은 네게 투명하게 전달될 수 있는가? 너는 그렇게 전달받은 즐거움/고통을 똑같은 크기의 공감으로 내게 돌려줄 수 있는가?

으며, 설사 안다 하더라도 숨길 수 있다는 것이다. 그러므로 내가 즐거움의 크기를 정확하게 알아내고 그것을 거짓 없이 드러내도록 만드는 기제가 필요해진다.

사용가치: 비자본주의적 커피의 맛

객체인 상품으로 초점을 이동함으로써 쾌락을 제공하는 물적 특성에 주목하면, 좀 더 쉽게 개별에서 보편의 영역으로 옮아갈 수 있다. 어떤 물적 대상이 인간의 욕구를 충족시키는 능력 혹은 인간에게 유용한 속성을 사용가치Use Value라 부른다. 전경이 식판에 받아먹는 밥과 기자가 사 먹는

짬뽕은, 배고픔을 해결해 준다는 점에서 똑같은 사용가치를 지닌다.

사용가치로부터 얻는 즐거움은 개별과 관련될 때에야 비로소 존재 의미를 갖는다. 사랑하던 이와 함께했던 공간은 비록 남루할지라도 내게 는 소중한 의미를 지닌다. 오래된 다이어리, 낡아 빠진 소품, 그러나 그 위에 기억이 켜켜이 쌓여 있는 물건들…. 시장에 내다 놓으면 고작 몇 푼짜리일지 몰라도 내게는 더없이 귀한 것들이다. 반대로 제아무리 대단한 사용가치를 지닌들 내게 귀한 것이 아니라면 무의미하다.

사용가치를 상품의 물리적 특성이라 정의하면, 그것은 자본주의니 아니니 하는 역사적 상황과 무관해진다. 마치 자본주의적 커피와 비자본주의적 커피의 맛을 구분하는 행위가 무의미한 것과 같다. 그렇지만 인간에게 유용하다는 특성은 역사적·사회적으로, 즉 시간과 공간에 따라 달리 규정된다. 어떤 시대에는 유용하지 않았던 것이 다른 시대에는 유용할 수도 있고, 어떤 사회에서는 유용하지 않은 것이 다른 사회에서는 유용할 수 있기 때문이다. 도덕이나 상식이 그러한 것과 마찬가지다.

교환가치: 물과 다이아몬드의 역설

상품은 더불어 교환가치Exchange Value도 갖는다. 개별이 지워지고 보편만 남을 때, 비로소 사용가치를 넘어 교환가치의 세계가 등장한다. 같은 말이지만, 교환가치로 비교 형량하면 개별의 흔적은 지워진다. '부자의 천 원'과 '빈자의 천 원'은 한 치의 모자람이나 남김없이 똑같은 '천 원'이

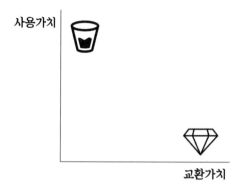

\<그림 2.2\> 물과 다이아몬드의 역설

물은 없으면 목숨을 잃을 정도로 소중한 것이나 교환가치는 작다. 다이아몬드는 매우 값비싼 물건이지만 사용가치 자체는 그리 대단하지 않을 수 있다.

다. 이 사실 앞에서 사용가치가 내포하는 개별성은 스러진다. 교환가치는 어떤 상품이 다른 상품과 교환될 때 어느 정도의 값어치를 갖는가를 나타낸다. 더 많은 양의 다른 상품과 교환될 수 있다면 그 상품의 교환가치는 커진다.

그러나 시장이 광범하게 존재하는 사회에서 우리는 교환가치에 대해 굳이 고민할 필요가 없다. 모든 상품에 가격표가 붙어 있기 때문이다. 수요와 공급의 상호 작용 과정에서 가격이 결정될 때 수요자 중 한 명인 나도 영향을 미치지만, 대부분의 경우 우리는 그 가격을 그대로 받아들일 뿐이다. 몇 천만 명 중의 한 사람으로 투표권을 행사하지만, 내 표 하나가 대통령을 '결정'하지는 못하는 이치와 같다.

저 유명한 '물과 다이아몬드의 역설'에서처럼 사용가치와 교환가치는 다르다. 헤겔 철학의 어법을 빌리면, '사용가치와 교환가치 사이에 모순이 존재한다.'라고 말할 수도 있다. 그러나 실상 그것은 어떤 상품이 유용한 정도와 그 상품이 시장에서 갖는 능력은 별개의 문제라는 서술에 지나지 않는다.

사용가치와 교환가치의 서로 다름은 개별과 보편의 서로 다름으로도 통한다. 우리는 문학 작품 속에서 가상의 인물이 겪는 사랑과 고통, 말하자면 개별적인 것을 통해 사랑의 위대함이나 삶의 근원적 고통이라는 보편적인 것을 깨닫는다. 그러나 보편적인 것은, 그 자체로는 나 자신의 개별적인 사랑과 고통으로 바뀌지 않는다. 개별에서 보편으로, 다시 보편에서 개별로 오가는 운동을 거침으로써, 즉 개별적인 사랑과 고통은 보편적인 사랑과 고통으로, 또다시 그 보편적인 것이 개별적인 상황으로 옮아감으로써 바뀐다. 사랑에 빠질 때 비로소 유행가 가사가 귀에 들어오고 나이가 들수록 문학 작품이나 영화 속 주인공에 감정 이입이 잘되는 것도 그때문일 터이다.

가치: '말해지지 않는 것들'을 찾아내려는 노력

사용가치가 객체인 재화의 물적 속성에 초점을 맞춘 개념인 반면, 교환가치는 재화의 교환을 전제로 한 개념이다. 자신이 가진 재화를 다른 재화와 바꾸려는 사람들을 전제한다는 점에서, 교환가치는 이미 사람들 사이의 사회관계를 담고 있다. 이 관계를 포착하기 위해 가치^{Value}라는 개념이 등장한다.

어떤 대상에 대해 '이러저러한 가치가 있다.'라고 말할 때 우리는 흔히 대상에 내재한 그 무엇을 가리킨다고 생각한다. 그렇지만 가치는 이미 그 출발선에서부터 관계를 전제한다. 나와 그(녀)가 맺는 관계에서 그(녀)를 떼어 낸 나, 혹은 나를 떼어 낸 그(녀)를 생각한다는 것은 마치 나와 그(녀)를 떼어 낸 관계 자체만을 생각하는 것만큼이나 불가능한 일이다. 가격이라는 이름으로 서로 연결되는 상품들, 그 상품들을 통해 맺어지는 사람들 사이의 관계, 그 관계의 체계를 포착하는 것이 가치의 역할이다.

무엇보다도 가치는 상품의 속성이 아니라 관계로부터 나오는 개념, 혹은 관계 그 자체라는 점을 강조해 둘 필요가 있다.● 시장에서 상품과 상품, 좀 더 현실적으로는 상품과 돈이 교환될 때, 배후에서 교환을 결정하는 구조가 바로 가치다. 자본주의 시장에서 주체(상품 소유자)는 객체(상품)의 대리인으로서만 나타난다. 상품 소유자의 욕망은 자신이 가진 상품을 통해서만 관철되기 때문이다. 시장은 상품이 말을 하는 공간, 더 정확하게는 '돈이 말을 하는Money Talks' 공간에 다름 아니다. 예를 들어, 일자리를 원하는 주체의 욕망은 결국 자신이 갖고 있는 노동력의 유용한●● 속성, 이른바 스펙이 지불능력을 가진 이의 주목을 끌 때에만 관철된다.

● 마르크스주의자들이 종종 주장하는 것과 달리, 가치가 본질적으로 사회관계를 나타낸다는 명제는 마르크스의 전유물이 아니다. 마르크스의 논적(論敵)인 피에르 조제프 프루동(Pierre Joseph Proudhon)도 저 유명한 저서 《빈곤의 철학》 앞부분에서 이를 강조한다.

●● 이때의 '유용함'은 노동력을 구입하는 측에서 본 것이다.

이렇게 보면 각 주체는 그저 객체의 대리인으로 교환에 참가하고 있는 듯하다. 이 점은 주체로서는 어찌할 수 없는 어떤 구조가 존재함을 암시한다. 그 구조는 어디서 생겨난 것일까? 사실, 주체는 교환 행위를 일상적으로 반복함으로써 바로 그 구조 만들기, 적어도 이미 만들어진 구조를 튼튼하게 다지는 데 참가하고 있다. 그러므로 구조는 하늘에서 갑자기 떨어진 것이 아니라 우리 모두가 만들고 있는 것이다. 한나 아렌트Hannah Arendt가 말한 '악의 평범성', 즉 그날그날의 삶에 성실한 이들이 악의 구조를 공고하게 만들 수 있는 것도 그 때문이다.

그렇다면 가치는 무엇으로 이루어질까? 그리고 어떻게 표현될까? 먼저 표현 문제부터 생각해 보자. 도쿄 대학교의 마르크스 경제학자인 오바타 미치아키小幡道昭는 다음과 같이 말한다.

상품가치의 내재성에는 안에 있는 것을 겉으로 표출한다고 하는 일반적인 관계에 머물지 않는, 독자적인 사회성이 수반된다. 그것은 기쁨을 웃는 얼굴로 나타낸다든지, 고통이 신음 소리로 나타난다든지 하는 것과 분명하게 구별된다. 확실히 이 경우에도 주위 사람이 그것을 어떻게 받아들이는지를 다소 의식하기 때문에 도를 벗어난 큰 웃음이나 큰 비명은 자제되며, 관찰자의 눈을 매개로 하는 적의성(適宜性)이 사회적으로 생겨난다고 해도 좋다. 상품의 가치 표현에는 이러한 타자 우회성 및 사회적 적의성이 더욱 강하게 전면적으로 나타난다.●

● 小幡道昭,《価値論批判》, 弘文堂, 2013, 43쪽.

요컨대 나의 주관적 감정을 나타낼 때도 타인의 승인이 필요하지만, 객관적 가치를 표현할 때는 그것이 더욱 강력하게 요구된다는 뜻이다. 그러나 공감의 사회적 메커니즘을 감안한다면, 객관과 주관의 구분은 작위적일지도 모른다. 작은 즐거움에 지나치게 큰 소리로 웃던 아이가 자라면서 그것이 도를 벗어난 큰 웃음임을 저절로 깨닫지는 않는다. 비슷한 상황에서 타인의 행동을 관찰하고 때로는 타인으로부터 지적을 당하는 사회화 과정을 거쳐야 그렇게 된다.

매일 아침 버스를 탈 때 나는 요금을 깎으려 기사에게 흥정하지 않는다. 식민지 근대화가 한창이던 1930년대 중반에 발표된 노래 〈유쾌한 시골영감〉에서는 기차 요금을 깎아 달라는 시골영감이 사회화가 덜 된 희화의 대상으로 전락한다. 버스 요금 체계에는 이 도시에서 버스를 타려는 사람들의 수요와 버스 사업자의 서비스 공급, 그리고 시 당국 때로는 시민 단체의 정치적● 힘에 이르기까지 다양한 요인이 내포되어 있다. 그 힘들 중에 몇 백만 분의 일은 내게도 주어졌을 터이나, 그것은 수학적으로만 의미를 지닐 뿐 현실에서는 무기력하다. 여기서 우리는 다시 '구조'라는 문제에 맞닥뜨린다. 시장의 힘, 수요-공급의 법칙, 경제 논리 따위의 여러 이름으로 불리는 바로 그 구조를 더 깊은 곳까지 파고들기 위해서 가치 개념이 필요하다.●●

그러므로 가치는 '재현'이라는 철학적 주제와도, '사회화'라는 현실

● 순수하게 경제적 요인만은 아니라는 의미에서 '정치적'이라는 뜻이다. 그러나 경제와 비경제를 명확하게 분리할 수 없다는 점에서 이러한 용어법 또한 정확하지 않다.

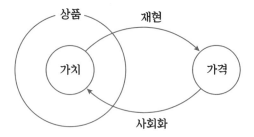

<그림 2.3> 가치의 재현과 사회화

가격은 가치의 재현이다. 그러나 가격이 가치를 있는 그대로 투명하게 반영하기만 하는 것은 아니며, 가끔은 왜곡이 일어나기도 한다. '사용가치'와 '교환가치'를 넘어 '가치'를 추구하는 이유가 여기에 있다.

의 과정과도 긴밀하게 얽혀 있는 개념이다. 재현과 사회화는 개별적인 것의 드러냄, 그리고 그 드러냄이 보편적인 것으로 승인되는 과정이라는 공통점을 갖는다. 이는 우리 머릿속에 있는 감정이나 생각이 언어라는 매개를 통해 어떻게 표현되고, 그렇게 표현된 것들이 사회 안의 다른 사람에게 어떻게 전달되는지를 밝히는 일과도 닮았다. 가치의 실체는 감정이나 생각으로, 가치를 드러내는 매개인 가격은 언어로 은유될 수 있다. 언어가 사람의 마음을 아무런 왜곡 없이 그대로 실어 나르는 전달체에 지나지 않는다면, 우리는 그저 말해지는 것을 받아들이는 것만으로 충분할 것이다.

●● 가격만으로 시장 구조를 충분히 이해할 수 있다면 굳이 가치라는 개념을 하나 더 만들 필요가 없다. 이는 대다수의 현대 경제학자들이 취하는 입장이다. 반드시 그런 것은 아니지만, 이러한 입장은 시장 혹은 다른 경제 영역이 사회 안의 나머지 영역으로부터 독립된 자기 완결성을 지닌다는 생각으로 이어지곤 한다.

'말해진 것들' 안에서 '말해지지 않은 것들'을 찾아내려는 노력, '사용가치'와 '교환가치'를 넘어 '가치'를 추구하는 까닭은 여기에 있다.

이제 우리는 가치의 실체가 무엇인지 찾아 들어가야 한다.

3

병 속에 갇힌 시간

시간의 물질화

시간의 허리를 잘라 상품 속에 가두다

짐 크로스Jim Croce는 〈병 속에 갇힌 시간Time In A Bottle〉에서 당신과 함께할 수 없는 시간을 병 속에 넣어 두었다가 훗날 당신과 함께할 수 있을 때 찾아 쓰겠다고 노래한다. 그보다 500여 년 전에는 "동짓달 기나긴 밤 허리를 잘라 내어 / 봄바람 이불 밑에 서리서리 넣었다가 / 고운 님 오시는 밤이면 굽이굽이 펴리라."고 하던 황진이의 절창이 있었다.

시간을 저장할 수 있는, 따라서 거래 가능한 것으로 물질화하려는 욕구는, 절대적인 시간의 한계를 돌파하려는 인간 본연의 욕구에 맞닿아 있다. 그러나 설사 어떻게든 시간을 저장하더라도 그것은 타인에게도 똑같은 시간 경험으로 전해질 때 비로소 의미를 갖는다. 즉, 나의 시간이 너의 시간으로 온전히 인정받기 위해서는 사회화 과정을 거쳐야 한다. 내가 입을 열어 하는 말은 남들이 듣고 그 의미를 알아차릴 때 비로소 제대로 된 언어가 된다. 모든 커뮤니케이션은 그러므로 사적 신호가 사회적 신호로 바뀌는 과정을 필요로 한다.

시간을 형식적으로 사회화하는 장치가 시계임은 두말할 나위조차 없다. 언어가 언중을 묶어 주듯이, 시계는 사람들의 시간을 하나로 통일시켜 준다. 그러나 시간을 실질적으로 사회화하는 것은 다름 아닌 돈이다.• 자본주의 경제의 발전은 세상 만물을 돈으로 사고파는 시장으로 끌어들이고, 바로 그 시장 속에서 만물의 생산에 소요된 노동시간은 사회화된다. 이렇게 사회화된 노동시간은, 짐 크로스의 바람처럼, 상품 속에 갇힌다.

시장의 비인격성: 돈은 주인을 가리지 않는다

만약 우리가 주목하려는 문제가 상품이라는 대상(객체)과 그것을 소비하는 인간(주체) 사이의 관계라면, 나의 배고픔(개별)은 다른 이의 배고픔, 더 나아가 모든 이의 배고픔(보편)을 압도할 수밖에 없다.●● 물론 이 경우에도 (배고픔을 충족하는 방식은 사회적으로 적절하다고 판단되는 테두리 안에 있다는 의미에서) 개인들 사이의 상호 작용, 그리고 그것으로 이루어진 사회 구조는 작동한다. 자본주의적 빵과 비자본주의적 빵의 사용가치는 다르지 않지만, 배고픔을 충족하는 자본주의적 방식과 비자본주의적 방식은 다르다. 우리는 어렸을 때 시장 놀이를 하면서, 자본주의 사회에서는 돈이라는 대가를 지불해야 원하는 물건을 손에 넣을 수 있다는 사실을 배웠다.

● "시간을 사회화하는 하나의 제도는 시계다. 또 다른 제도는 돈이다. 돈은 직접적으로 소비를 시간적으로 유예해 주는 수단이다." 뤼디거 자프란스키 지음, 김희상 옮김,《지루하고도 유쾌한 시간의 철학》, 은행나무, 2016, 93쪽.

●● 나와는 다른 개별자(the Individual)인 너의 배고픔, 그리고 보편자(the Universal)인 우리 모두의 배고픔을 느끼기 위해서는 공감하려는 노력이 필요하다.

어떤 사회에서는 구성원들이 누리는 만족의 크기로 가치를 측정한다. 그러나 이 경우, 만족의 크기가 재화의 총생산량에 비례하지 않는다면 무엇으로 만족을 정의할 수 있을까? 만족 혹은 필요는 때로 환상이나 세뇌로부터 나올 수도 있다. 가난한 나라 사람들이 부유한 나라 사람들보다 더 행복하다는 보고에도 불구하고, 여전히 대부분의 경제학자가 국민총생산GNP을 사회후생Social Welfare의 척도로 삼는 까닭이다. 마르크스조차도 자본주의를 넘어선 새로운 사회에서는 모든 인간이 각자의 능력에 따라 일하고 필요에 따라 분배받을 것이라 주장한 바 있다. 천칭의 한쪽에 사회 전체의 필요를 둔다면, 다른 한쪽에는 그 필요를 만족시킬 수 있는 재화와 서비스를 올려야 한다. 양쪽이 균형을 이루면 새로운 사회의 필요조건이 충족된다. 이때 우리는 다시금 진정한 필요와 거짓 필요를 가려내야만 한다. 효율적으로 작동하는 자유로운 시장을 꿈꾸는 이들이 선의의 독재자를 상정하는 좌파적 관념을 가진 이들과 의외로 통하는 까닭이 여기에 있다.●

그러나 우리가 관심을 갖는 문제가, 개인과 개인 사이의 사회관계라면 보편이 개별을 누르고 전면에 나서게 된다. 혹은 추상이 구체를 압도하게 된다. 개인의 자유로운 선택을 넘어서는 사회 구조가 마침내 모습을 분명하게 드러내는 것이다.

● 《신자유주의의 좌파적 기원》(조하나 보크만 지음, 홍기빈 옮김, 글항아리, 2015)은 이것이 단지 이론적 가능성이 아니라 냉전 시대에 동서 진영의 경제학자들 사이에 실제로 있었던 일임을 보여 준다.

시장은 교환가치라는 보편을 통해 모든 상품을 공통 요소로 치환한다. 모든 개별에 공통적인 무언가를 부여한다는 의미에서, 혹은 정확하게 그 의미로만 시장은 평등하다. 그러나 그 평등을 획득하기 위해 어떤 개별의 지워짐이 있었는지를 드러내지 않는다는 점에서 시장은 비인격적이기도 하다. 돈은 주인을 가리지 않는다. 모든 것을 비인격화함으로써 평등하게 만드는 과정을 통해 가치관계는 작동한다.

노동시간과 가치실체: 레닌이 테일러주의에 열광한 이유

경제적 삶의 주체가 아니라 객체를 전면에 내세울 때, 그리고 그 객체 안에 주체들 사이의 사회관계가 숨어 있다는 실상을 포착하고자 할 때, 주체가 객체를 만드는 데 걸리는 시간인 '노동시간'이 가치의 실체로 떠오른다. 도대체 무슨 근거로 이렇게 주장할 수 있을까?

마르크스는 말했다. "노동을 몇 주만 멈추면 세상이 유지되기 어려울 것임은 어린아이라도 안다."● 제아무리 로봇이나 컴퓨터가 대단하더라도, 궁극적으로는 그것을 발명하고 만든 인간의 노동이 있게 마련이다. 물론 이것만으로는 노동시간이 가치의 실체여야 할 필연성은 없다.

같은 맥락에 서되 잠시 관점을 바꿔 보면 두 번째 근거를 찾을 수 있

● 1868년 7월 11일 마르크스가 루트비히 쿠겔만(Ludwig Kugelmann)에게 보낸 편지의 한 구절이다.

다. '사회에 필요한 재화와 서비스를 생산하는 데 드는 노동량이 줄어드는 것'은 우리가 추구해야 할 규범적 목표가 될 수 있지 않을까? 우리가 인간인 이상 경제생활이건 경제학이건 궁극의 목표는 휴머니즘일 수밖에 없다. 그리고 삶에 필요한 재화나 서비스를 더 적은 양의 노동으로 만들어 내는 일이야말로 가장 중요한 목표가 될 것이다. 이제 천칭의 한쪽에는 노동량이, 다른 한쪽에는 거짓이건 참이건 필요를 충족하기 위한 물건 더미가 놓인다.

'상품의 가치실체가 노동'이라는 명제는 상품들 사이의 관계에서만 의미를 갖는다. 미하일 하인리히Michael Heinrich는 다음과 같이 명쾌하게 설명한다.

> 가치실체란 어떤 두 상품이 실제로 가지고 있는 공통의 성질 같은 것이 아니다. 예를 들어 소방차와 사과가 공통적으로 빨간색을 갖고 있는 것과는 다른 것이다. 이 둘은 따로 있을 때도 빨갛고, 서로 나란히 놓여 있을 때에도 우리는 분명히 사과와 소방차가 공통적인 것을 갖고 있다는 것을 감지한다. 가치실체와 가치 대상성은 서로 교환 속에서 관계를 맺을 수 있을 때에만 획득될 수 있는 것이다. 사과와 소방차가 실제로 나란히 서 있을 때만 빨간색이고, 따로 떨어져 있을 때(소방서에 주차되어 있거나, 사과나무에 매달려 있을 때)는 어떤 색도 갖지 않는 경우와 같다고 할 수 있다.●

● 　미하일 하인리히 지음, 김강기명 옮김, 《새로운 자본 읽기》, 꾸리에, 2016, 79쪽.

그러므로 어떤 상품을 만드는 데 얼마나 많은 노동이 필요한지를 생리학적 지출로 재는 것은 부적절하다. 예를 들어, 자동차를 만드는 데 드는 노동자들의 에너지 지출을 측정하여 컴퓨터 자판을 두드리는 데 드는 그것과 비교하는 식으로 가치를 잴 수 있지 않다는 뜻이다. 노동자의 효율적 에너지 지출을 통해 과업 수행 극대화를 추구한 테일러주의Taylorism가 자칫 간과하기 쉬운 지점이기도 하다. 사회주의를 표방한 소련에서 블라디미르 레닌Vladimir Lenin이 테일러주의에 열광했던 에피소드도 이 때문일 것이다.

가치실체의 내/외재성: 비명문대가 없다면 명문대도 없다

관계 속에서만 의미를 갖는 또 다른 예로 학벌 문제를 보자. 이른바 명문대는 이른바 비명문대와의 관계에서만 의미를 갖는다. 비명문대가 없으면 명문대도 없다. 무엇이 학벌을 결정하는가? 특정 대학이 가진 평판, 교육의 질적 수준, 졸업생의 사회적 성공 정도 등일 것이다. 그 내재성을 강조할 때 학벌은 능력주의Meritocracy 문제로 연결된다. 학벌은 능력이 뛰어나고 노력한 양이 많은 이에게 주어지는 합당한 보상으로 여겨진다. 그 대우 명제는 이른바 낮은 학벌은 능력 부족과 적은 노력의 필연적 귀결이라는 것이다. 반대로 외재성만을 강조할 때, 학벌은 게임 참가자들의 행위와는 무관하게 그저 바깥에서 마치 천재지변처럼 주어질 따름이다. 부모의 정치경제적 배경이 내 능력을 규정한다면 어차피 내가 할 수 있는 일이란 아무것도 없다. 좌절과 냉소만이 남을 따름이다. 능력주의 원칙으로 학벌을 정당화하는 것이 지배자의 논리라면, 순전히 외재성으로만 이해하는 것은 자칫 정치적 허무주의를 낳을 수 있다.

가치실체는 그러므로 내재적인 그 무엇의 투명한 드러남이라기보다는 내재와 외재를 가로지르는 관계 자체일 것이다. 가치관계에는 상품들 사이의 관계뿐만 아니라, 특정 상품생산에 내포된 상품생산자들 사이의 관계도 반영되어 있다. 가치실체가 노동시간이라면, 가치실체를 따질 때에는 생산과정에서 시간을 둘러싼 대립과 저항, 혹은 공감의 과정을 고려해야 한다. 이때 공감의 과정은 시장 메커니즘을 통해 결정된 가격에 의해 사회적으로 승인된다. 우리가 타인에게 갖는 공감은, 물론 사회적으로 인정받는 도덕이나 윤리 감각의 범위를 크게 벗어나지 못하지만, 기본적으로는 개별적이고 주관적이다. 그러나 상품 가격의 경우, 객관적이고 보편으로 적용되므로 타인에게 공감받지 못하는 행동을 할 때 혹은 타인에게 공감하지 못할 때에 비해서 한층 더 강력한 제재를 받을 수밖에 없다.

구체적 시간 vs. 추상적 시간

즐거운 사건으로 가득 찬 시간은 빨리 흘러간다. 반면 지루하기 짝이 없는 시간, 아무것도 일어나지 않는 듯한 시간은 하염없이 느리게 흘러간다. 삶의 구체성으로 채워진 시간은 빠르게 지나가지만 높은 밀도를 가진,

그리하여 기억할 것이 많은 시간으로 여겨진다. 추상적이고 텅 빈 시간은 느리게 흐르지만 지나간 뒤에는 별다른 기억을 남기지 않는다. 영화 〈모던 타임즈〉에서 찰리 채플린Charles Chaplin이 연기하는 공장 노동자는 끊임없이 스패너로 무엇인가를 조이고 있는데, 이 시간은 텅 빈 시간이다. 이 노동자가 화장실에서 잠깐 담배를 피우는 순간은 오히려 구체적 삶의 시간이 된다. 제자리로 돌아갈 것을 명령하는 사장의 영상이 화장실 벽에 뜰 때, 그 구체적 삶의 시간은 더 이상 허용되지 않고 사라진다.

추상적인 것이 구체적인 것을 압도하는 가치실체의 세계에서 노동시간 또한 추상적인 시간이 된다. 노동시간에서 구체적인 것의 흔적을 지우는 작업은 두 가지 차원에서 이루어진다. 먼저 기계가 생산의 주체가 되다시피 하고 인간은 주변적이고 판에 박힌 일만 맡을 때 노동시간은 점점 텅 비어 간다. 자기 머리로 생각할 필요가 없어지는 순간 텅 빔은 극대화된다. 또한 시장은 상품과 상품의 교환을 통해, 결국에는 그 배후에 놓인 노동시간과 노동시간을 일정한 비율로 강제적으로 등치시킨다. 내 노동에 어떤 절박한 삶의 흔적이 묻어 있는가는 중요하지 않다. 나의 노동시간은 그저 텅 빈 추상적 시간으로 끊음으로써 비로소 타인의 노동시간과 같은 평면에서 비교되고 교환된다.

그러므로 나의 배고픔이 너에게, 다시 너의 배고픔이 나에게 공감받는 과정은 먼저 생산의 기술적 과정을 통해, 최종적으로는 시장의 평가를 통해 이루어진다.

사적 노동이 사회적 노동으로 바뀔 때

사랑의 성공이 대상에 대한 감정노동의 강도와 지속 기간에 비례한다면? 수많은 사랑의 실패자에게 한편으로는 위안이 되겠으나 다른 한편으로는 더 큰 좌절을 안겨 줄지도 모를 일이다. 결국 부족한 것은 내 사랑의 크기였다는 뜻이므로.● 그러나 네게 공감받지 못하는 나 혼자만의 사랑은 사랑이 아니라면, 내가 들인 감정노동은 제아무리 오랫동안 강도 있게 지속된다 해도 결국에는 성공하지 못한 사랑, 인정받지 못한 감정의 허비에 지나지 않는다. 사적인 감정노동은 상대방에게서 인정받을 때 비로소 사회적인 것으로 된다.

감정노동이라는 말이 하나의 은유라면 그 원칙 또한 은유일 것이다. 감정노동은 나 혼자 마음속으로 지출한 것이겠으나, 상품을 생산하는 노동은 기업이나 공장 등의 작업 공간에서 이루어진다. 홀로 생산하지 않는다면 작업 공간 내부는 결코 사적이지 않겠지만, 시장으로 나가기 전이라는 의미에서는 사적 노동이라 할 수 있다. 그 노동의 결과물이 시장에 나가 팔릴 때에야 비로소 노동은 사회적인 것이 된다. 사적 노동이 사회적 노동으로 바뀌는 것, 마르크스는 상품이 시장에서 판매되는 과정을 '목숨을 건 도약Salto Mortale'이라 불렀다. 키에르케고르가 똑같은 용어로 사랑을 표현한 것은 결코 우연이 아니다.

● 류동민, 〈반동의 시대, 근본적 원칙〉, 《경향신문》, 2013년 11월 21일.

노동자의 시간과 CEO의 시간은 다르게 간다

그러므로 '구체적 시간'을 '추상적 시간'으로 바꾸는 과정과 '사적 노동'을 '사회적 노동'으로 승인하는 과정은 동시에 이루어진다. 과연 그 과정은 순수하게 기술적으로만 결정될까?

여기서 다시 언어의 유비Analogy를 적용해 보자. 언어는 생각과 감정의 투명한 전달체가 아니다. 언어는 두 가지 의미에서 권력이다. 말은 항상 위에서 아래로 흐른다. 힘 있는 자들의 말은 민감하게 받아들여져 확대 해석되지만, 힘없는 자들의 말은 입속으로 삼켜지거나 허공으로 흩어져 사라진다. 또한 언어 그 자체가 권력이 되기도 한다. 말하고 싶은 것이 말해지는 것 못지않게, 말해진 것이 말하고 싶은 것을 규정하기 때문이다. 때로 언어는 우리 생각을 정확히 표현하기에 부족하며, 게다가 이미 말해진 것은 그 자체가 힘을 갖고 이후의 생각과 말을 지배하기도 한다.•

담배 한 개비 피우는 시간의 직급별 기회비용을 계산해서 붙여 놓았다는 오래전 어느 재벌 기업의 이야기는 여전히 생생한 현실이다. 아르바이트 노동자가 담배를 피우는 1분 동안 단돈 100원이 연기로 사라질 뿐이라면, CEO의 1분은 몇 십만 원을 날려 보낸다는 것이다. 그렇게 권력자의 시간과 힘없는 자의 시간은 다르게 간다. 그러므로 노동시간의 사회화는 권력 문제를 함축한다. 소득 분배가 순전히 기술적 과정인가, 아니면 교섭

•　구술사 연구에서 자주 발견되는 현상이다. 희미한 기억을 되살려 얻어 낸 부정확한 진술도 한번 발화되면 자기 구속력을 갖게 되어, 이후의 기억은 최초의 진술을 정당화한다.

력의 차이를 반영하는 정치적 과정인가는 경제학의 역사에서 매우 중요한 논쟁거리다.● 그러나 분배 이전에 이미 노동시간의 사회화 자체가 정치적 과정이기도 하다.

권력이 피지배자로부터 어느 정도의 공감을 확보하느냐가 체제 정당성의 기준이 되듯이, 사적으로 지출된 노동이 사회적 노동으로 인정받는 과정 또한 최소한의 정당성을 확보해야 한다. 그러므로 시장이 최선, 적어도 차선이라는 이데올로기는 체제 정당성을 확보하는 지배 이데올로기가 된다. 시장의 인정 말고 딱히 대안이 없다면 시장에 기초한 체제는 어쩔 수 없이 정당한 것으로 받아들여져야 한다. 시장 논리와 비시장 논리 사이의 싸움이 종종 체제냐 반체제냐의 문제가 되는 것은 바로 이 때문이다.

●   소득 분배가 기술적 과정이라면 본질적으로 불공평함은 사라진다. 그것이 무엇이건 기술적 지표에 의해 내가 받는 소득이 결정되기 때문이다. 그러나 소득 분배에 정치적 힘이 개입한다면, 그 힘은 애초에 어떻게 배분된 것인가를 설명해야 한다.

4

시간은 돈이다

화폐, 그 물신에 관하여

거울과 사진 속 내 얼굴은 얼마나 다른가

나이 들수록 사진 찍기가 싫어진다. 머릿속에 남아 있는, 혹은 스스로 믿고 싶은 내 모습과 사진에 나타나는 모습 사이의 거리가 점점 멀어지기 때문이다. 외모뿐이겠는가? 내가 기억하는 나는 당신이 기억하는 나와 다르다. 때로는 자신을 부정적인 이미지로 기억하려는 경우도 있겠으나 대개 우리는 자신에게 유리한 방향으로 스스로의 의도, 행위, 그리고 결과를 기억하려 한다. 타인의 시선과 기억을 한데 모으면 성립하는 것이 '객관'이다. 그러므로 나의 '주관'은 종종 '객관'의 난폭함 앞에 하릴없이 무너진다. 어쩌면 반대로 나의 '주관'이 무모하게 '객관'을 부정하려 드는 것일 수도 있다.

가라타니 고진柄谷行人은 '초월론적 태도'라는 철학 개념을 설명하면서 거울과 카메라의 비유를 든다.

거울은 '타인의 시점'으로 자신의 얼굴을 보는 것이다. 그런데 우리는 그것과 사진을 비교해 보아야 한다. 거울에 의한 반성에는 아무리 '타인의 시점'에 서려고 해도 공범성(共犯性)이 있다. (…)그러나 사진에는 용서 없는 '객관성'이 있다. 초상화의 경우와는 달리 누가 그것을 찍더라도 그 주관성을 말할 수 없기 때문이다. 물론 사진도 상(像)(…)에 지나지 않는다. 중요한 것은 거울의 상과 사진의 상의 차이가 가져오는 '강한 시차(視差)'다.●

가라타니 고진에 따르면, 임마누엘 칸트Immanuel Kant의 코페르니쿠스적 전회轉回는 "주관성의 철학으로의 전회가 아니라, 오히려 그것을 통하여 이루어진 '물자체物自體, Ding an sich'를 중심으로 하는 사고로의 전회다."●● 거울에 비친 나의 얼굴은 어느 정도는 내 관점에서 유리하게 해석되기 마련인 반면, 사진으로 찍힌 나의 얼굴, 즉 타자의 시선에 의해 객관화된 모습은 그렇게 될 여지가 없으며, 따라서 양자 사이에는 시각 차이가 존재한다. 칸트가 '물자체'라는 개념을 통하여 제시하려는 것은 바로 이러한 시각 차이의 문제다.●●●

가장 조잡한 형태의 유물론은, 우리 인식이 바깥세상을 그대로 모사 Copy하여 반영한다고 생각한다. 반면 가장 극단적 형태의 관념론은, 바깥세상이 우리 인식을 통해 비로소 구성된다고 생각한다. 가라타니 고진은, 칸트에게 '물자체'라는 개념이 있었다는 점에서 단순한 관념론과 다르다고 해석한다. 가치는 비유하자면 '물자체'에 해당하는 개념이다. 그러므

● 柄谷行人, 《定本 柄谷行人集〈3〉トランスクリティーク: カントとマルクス》, 岩波書店, 2004, 18~19쪽.

●● 앞의 책, 60쪽. '물자체'란 인간의 인식 활동과는 독립적으로 존재하는 객관적 실체를 가리킨다.

●●● 류동민, 〈트랜스크리틱: 마르크스 정치경제학의 재구성〉, 《마르크스주의 연구》 제2권 제1호, 한울, 2005, 327쪽.

로 스톱워치를 들고 재는 노동시간 그 자체가 가치는 아니며, 그렇다고 가치라는 것이 순전히 머릿속에서 만들어진 구성물도 아니다. 가치를 성립하도록 그리고 사고하도록 만드는, 사람들 사이의 사회관계, 바로 그 관계에 주목하는 시각이 가치라는 개념을 가능하게 만든다.

가치 형태: 상품을 바라보는 유일한 거울, 화폐

그렇다면 가치는 어떤 형태로 나타나는가? 우리 눈앞에 그 모습을 드러내긴 할까? 자본주의 시장경제에서는 상상 가능한 거의 모든 것이 상품으로 거래된다. 지불 의도와 능력을 가진 사람만 충분하다면, 바꿔 말해 돈을 벌 기회가 있는 곳이라면, 설사 반사회적인 그 무엇이 거래되는 경우라 하더라도 시장은 어김없이 생겨난다. 시장에서 거래되는 모든 상품에는 화폐로 표시한 가격이 붙어 있으므로 우리는 교환가치에 대해서도, 가치에 대해서도 깊이 고민할 필요가 없다.

가격의 세계는 그러므로 마치 상품들 사이의 일처럼 보인다. 상품들끼리, 상품만의 언어로 서로 흥정하여, 그 결과 성립한 가격을 이마에 붙이고 다니는 듯하다. 객체가 오히려 주체를 지배하는 만화경 속 세상의 은유는 여기서도 들어맞는다. 경제학 교과서는 '안 사면 그만.'이라 가르치지만, 현실에서는 꼭 사야 하나 (돈이 없어) 살 수 없는 상품들이 넘쳐난다. 그러나 상품의 언어는 사람의 언어를 알아듣지 못한다. 세계 인구 전체를 천칭의 한쪽에 두고 반대쪽에 그들이 목숨을 유지하기 위해 먹고살아야 하는 식량 총량을 두자. 이미 오래전부터 천칭은 식량 쪽으로 기울었건만, 아직도 최소한의 영양분조차 섭취하지 못해 죽고 병드는 사람들이 넘쳐난다.

화폐가 지금처럼 모든 상품 교환을 지배하기 전의 상황을 생각해 보면 좀 더 분명해지는 것들이 있다. 쌀 한 가마와 쇠고기 열 근이 화폐의 매개를 거치지 않고 직접 교환된다면, 쌀 한 가마는 쇠고기 열 근으로 스스로를 표현한다.

쌀 한 가마 → 쇠고기 열 근

쇠고기로 재현되는 쌀, 그 재현이 완전해지려면 쇠고기 열 근 또한 쌀한 가마로 재현되어야 한다. 그렇지만 쌀은 쌀의 거울로, 쇠고기는 쇠고기의 거울로 바라보므로, 쌀의 재현이 쇠고기의 재현과 같다는 보장은 어디에도 없다. 이는 마치 삶의 재현과도 같다. 친구나 연인과의 헤어짐에서부터 역사적 사건의 진실에 이르기까지, 같은 시각 같은 장소에서 겪은 사건에 대해서도 사람들의 재현은 판이하게 다르다. 각자 자신의 거울로 사건을 바라보기 때문이다.

그런데 쌀 한 가마조차도 반드시 쇠고기 열 근으로 재현되는 것만은 아니다. 그것은 때로 돼지고기 스무 근, 비단 한 필, 그리고 또 다른 무엇으로 재현될 수도 있다.

이 무한한 재현의 연쇄는 그 자체로 종결되지 않는다. 이는 은유를 끝없이 들이대도 완벽한 재현은 불가능하다는 사실과 통한다. 과연 내가 겪은 사건, 내가 가진 감정이나 생각을 완벽하게 재현하는 것은 가능한가?●

그런데 이러한 재현의 관계를 뒤집어 생각하는 순간, 새로운 힘이 출현한다. 원관념을 보조관념으로 나타내는 것이 은유라 정의할 때, 우리는 이미 원관념에 논리적 우위를 부여한다. 여기서도 그와 비슷한 현상이 일어난다.

● 제2차 세계 대전에 참전한 여자들의 이야기를 그녀들의 목소리 그대로 옮겨 놓은 스베틀라나 알렉시예비치의 《전쟁은 여자의 얼굴을 하지 않았다》(박은정 옮김, 문학동네, 2015)가 노벨문학상에 값하는 문학 작품인 까닭도 여기에 있다. 작가의 개입을 통해 재현된 현실은 각자의 재현을 모아 놓은 것을 당해 내지 못할 때도 있다. 물론 각자의 재현을 아무리 많이 모아도 완벽한 재현에 이르는 것은 아니다.

이제는 쇠고기도, 돼지고기도, 비단도, 그리고 또 다른 무엇도 모두 쌀 한 가마로만 스스로를 재현하고자 한다. 모든 상품이 단 하나의 상품으로 스스로를 나타내고자 할 때, 그 하나의 상품에는 놀라운 힘이 부여된다. 여론 조사의 지지율은 숫자에 지나지 않지만, 지지율이 올라간 대선 후보에게는 유력 정치인의 지지와 선거 자금, 마침내는 정치권력이 주어진다. 많은 팬이 선망하는 아이돌 스타에게는 문화권력이 주어진다. 타인들이 '사과'라 부르는 것을 나 혼자 'Apple'이라 부를 때, 나는 내 뜻을 제대로 표현할 수 없고, 심한 경우 타인들로부터 규제되고 처벌받는다. 바로 이 단 하나의 상품이라는 지위를 갖는 것이 화폐.

화폐 형태: 종이 쪼가리는 어떻게 돈이 되는가

화폐 형태는 다음과 같이 완성된다. 쌀 한 가마조차도 이제는 20만 원어치의 돈으로 자신을 나타낸다.

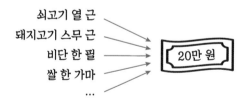

마르크스는 화폐 형태 자리에 금金이 오는 것을 당연하게 여겼다. 그는 금본위제 시대를 살았기 때문이다. 그러나 금과의 연결 고리를 잃어버린 현대의 불환 화폐 체계에서는 그 자리에 중앙은행이 발행한 종이 쪼가리가 온다. 신용 카드건 교통 카드건 그 어떤 플라스틱 카드가 올 수도 있다. 공상 과학 영화에서처럼 손목에 심어진 칩 속의 관념적인 숫자라 해도 무방하다.

《돈의 철학》으로 유명한 게오르크 지멜Georg Simmel은 다음과 같이 말한다.

> 돈은 그 형식의 추상성에 힘입어 공간과의 모든 특정한 관계를 초월한다. 그리하여 아무리 멀리 떨어져 있는 지역에라도 영향을 끼칠 수 있으며, 더 나아가 모든 순간에 잠재적인 영향력을 끼치는 요소들의 중심점이 될 수 있다.●

관념적인 숫자가 가진 추상성은 오히려 화폐의 본질을 더 잘 표현한다. 만약 금이라는 누구나 귀하게 여기는 반짝거리는 물건이 화폐라면, 금 자체에 가치가 있으니 그것으로 다른 상품의 가치를 드러내는 것이 당연하다고 생각할지도 모른다. 그러나 화폐 형태는 관계를 나타내므로, 모든 돈은 특정한 관계 속에서만 비로소 돈이 될 수 있다.

여기서 잠깐, '화폐란 무엇인가?'라는 물음을 '정의Justice란 무엇인

● 게오르크 지멜 지음, 김덕영 옮김,《돈이란 무엇인가》, 길, 2014, 97쪽.

가?'로 바꿔 보자. 사람들 사이의 관계가 갖는 상황적 맥락과 무관하게 정의라는 실체가 존재한다고 볼 수 있을까? 아니면 정의는 관계 구속적 개념일까? 가치 형태가 의미하는 바를 정의에 유비하여 둘 중 하나를 고른다면 후자일 것이다. 때로는 힘이 정의가 되는 상황도 있지 않은가? 그렇다면 전자의 의미에서 정의란 어쩌면 존재하지 않는다.

따라서 화폐 형태는 돈에 힘을 모아 주는 상품들의 공동 작업인 셈이다. 즉, 화폐 형태는 "한쪽 형태로부터 다른 쪽으로, 다른 쪽 형태로부터 한쪽으로 끊임없는 이행, 아니 계속 도약해 가는 무한의 순환 운동을 가리킨다."●

그렇다면 예의 주체/객체 구분에 따라, 화폐 형태에 놓인 상품들의 배후에 숨어 있는 주체의 욕망을 읽을 수는 없을까? 애초 쇠고기 열 근을 가진 이가 원했던 것은 쌀 한 가마였으나, 이제 그것은 20만 원이라는 돈이 되었다. 20만 원을 욕망한 까닭은 그것으로 쌀 한 가마를 사기 위함이었으되, 어느 순간 20만 원 그 자체가 목적이 되어 버린다. 다시 지멜은 말한다.

돈 이외의 다른 모든 사물들에 대한 실제적인 향유 자체는 말할 것도 없고, 그것들에 대한 욕망만 해도 이미 주체의 수용 능력에 의해 제한되는 것이 일반적이다. (…)이에 반해 돈은 내적인 고유의 한계가 없는, 따라서 궁극적으로 객체에 대한 욕구를 제한하지 않는 유일한 존재다. 물론 이 모든 것

●   岩井克人,《貨幣論》, ちくま學芸文庫, 1998, 155쪽.

은 돈이 실제로 순수한 '돈'이면 '돈'일수록, 즉 직접적으로 향유될 수 있는 고유 가치를 갖지 않는 순수한 교환 수단이면 교환 수단일수록 더욱 더 그러하다.●

빵을 아무리 많이 먹어도 물리지 않고 만족이 증가하진 않는다. 우리의 수용 능력을 넘어서는 욕망은 존재하지 않는다. 그러나 남아도는 빵을 돈으로 바꿀 수 있다면 이야기가 달라진다. 경제학에서 말하는 희소성은, 현실적으로는 재화의 희소성이 아니라 돈의 희소성이다. 재화를 향한 욕망은 이내 포화 상태에 이를 수 있다. 그러나 돈은 아무리 많아도 희소한 것이다!

남성과 여성의 육체관계에 대한 인식 차를 보여 주는 지멜의 지적은 매우 흥미롭다. 여성은 자신의 온 자아를 주지만 남성은 그 일부만 주기 때문에, 여성은 돈을 받으면 불쾌해 하고 남성은 그렇지 않다는 것이다. 여성들에게서 돈을 받았기 때문에 오히려 바람둥이로 성공했다는 17세기 귀족의 일화는 이러한 맥락에서 예로 제시된다.●● 지멜의 19세기적 사고를 걸러 받아들인다면, 이를 군이 남녀 간의 육체관계에 국한할 필요는 없다. 내가 베푼 호의가 정확히 그 감사에 해당하는 크기의 돈 혹은 선물로 되돌아올 때 나는 기분이 나빠지거나 심지어는 슬퍼진다. 그러나 자본주의 시장경제가 발전할수록 돈에 자아를 투영시키는 것을 점점 더 긍정적

● 게오르크 지멜 지음, 《돈이란 무엇인가》, 196쪽.
●● 게오르크 지멜 지음, 《돈이란 무엇인가》, 139~140쪽.

으로 인식하게끔 한다. 비인격적 관계가 작동하는 시장 영역에서는 모자라지도 남지도 않는 딱 그만큼의 등가물이 반환되어야 한다.

《신엘로이즈》와 화폐 없는 이상적 삶

장 자크 루소Jean Jacques Rousseau의 소설《신엘로이즈》는 계급이 다르기 때문에 맺어지지 못하는 사랑 이야기다. 귀족의 딸인 쥘리와 평민 출신의 가정교사 생프뢰. 둘은 서로 사랑하는 사이지만 신분 격차를 극복하지 못하고 생프뢰는 쥘리를 잊기 위해 멀리 떠난다. 훗날 쥘리의 남편 볼마르는 생프뢰를 자기 집에 함께 살게 하는데, 관능에서 벗어나 사랑과 우정의 미덕을 실현하는 공동체적 삶 속에서 이들의 고통은 극적으로 해소된다.

비련의 이야기였던 소설은 마지막으로 가면서 일종의 이상향에 대한 스케치로 바뀐다. 함께 땀 흘려 포도를 수확하고 밤이면 즐겁게 춤추며 건강하게 아이들을 키워 가는 곳. 그곳에서 볼마르 부부는 다음과 같이 말한다.

> 우리들이 부유해지는 핵심 비결은 돈을 거의 만지지 않는다는 것, 또 재산을 사용하는 데에 생산과 소비 사이의 매개적 교환을 가능한 한 피한다는 것입니다. (…)우리들의 소득은 이곳에서 사용됨으로써 이전을 피하고, 또 소득은 현물로 소비함으로써 교환을 피하지요. 우리가 지닌 여분을 우리들에게 부족한 것으로 불가피하게 바꾸는 경우에도, 금전적 매매는 손해를

두 배로 하기 때문에 그 대신에 물물교환을 추구합니다. 물물교환에서는 계약자 각각의 편의가 양자 모두에게 이윤을 대신하지요.●

　　루소는 작중 인물의 입을 빌려 화폐를 제거한 교환이 인간관계를 투명하게 만든다고 주장한다. 이제 볼마르 부인이 된 쥘리는 옛 연인에게 "마음을 터놓으면 감정이란 감정을, 생각이란 생각을 전부 공유하게 되고, 서로는 자기 자신을 마땅히 그래야 하는 그대로, 느끼고 있는 그대로의 모습을 모두에게 '보여 주게' 됩니다."라고 말하면서 욕망을 버리고 투명해질 것을 요구한다. 루소가 평생 동안 화두로 삼았던 투명성Transparence●●은 동화적 정경 속에서 꽃을 피우지만, 소설에서조차 쥘리가 (현대 독자의 눈에는 어이없을 정도로) 갑작스런 사고로 죽으면서 끝나 버린다.

　　시장 가격이 사람들 사이의 상호 의존 관계를 비인격적으로 만듦으로써 결국 개별 경제 주체의 소외를 가져온다는 것, 이는 루소에서 마르크스로 이어지는 문제의식이다. 화폐가 투명성을 가리는 베일이라는 생각은 그만큼 뿌리가 깊다. 프루동의 노동 증서에서부터 현대의 지역 화폐 운동에 이르기까지, 각자 능력껏 일하고 그만큼의 노동시간에 맞춰 필요한 재화를 얻는 삶, 요컨대 화폐로부터 벗어난 공동체적 삶을 추구하려는 시도가 끊임없이 나타나는 것도 그 때문이다.

　　그런데 화폐는 단지 실체를 가리는 베일을 넘어서는 하나의 힘이다.

● 장 자크 루소 지음, 서익원 옮김, 《신엘로이즈 2》, 한길사, 2011, 206쪽.
●● 장 스타로뱅스키 지음, 이충훈 옮김, 《장 자크 루소 투명성과 장애물》, 아카넷, 2012.

4. 시간은 돈이다: 화폐, 그 물신에 관하여

욕망의 대상; 물신

<그림 4.1> 물신이 된 화폐

교환의 매개물, 그리고 재화로 바뀜으로써만 만족을 줄 수 있는 화폐가 그 자체로 욕망의 대상이 되고 교환을 성립시키는 힘을 지니게 될 때 화폐는 인간을 지배하는 물신이 된다.

화폐 형태에 관한 도식에서 보듯이, 화폐는 애초부터 하나의 권력, 그것도 막강한 권력으로서 성립한다. 교환의 매개물, 그리고 재화로 바뀜으로써만 간접적으로 만족을 줄 수 있는 화폐가 그 자체로 욕망의 대상이 되고 교환을 성립시키는 힘이 될 때 화폐는 물신Fetish이 된다. 인간이 만들었으되 이제는 인간을 지배하는 것의 총칭이 물신이라면, 누구나 알고 있듯이 자본주의 사회에서 최고의 물신은 돈이다.

그렇다면 화폐는 어떻게 화폐가 되었을까? 혹은 화폐를 무엇의 재현이라 생각해야 할까? 철학적 틀로 말하자면, 화폐의 존재론과 인식론을 생각할 차례다.

화폐의 존재론과 인식론

먼저 화폐의 존재론. 그저 화폐를, 많은 사람이 선택한 것을 모방하는 과정의 결과물이라 설명할 수도 있다.[●] 마치 사회가 처음 생길 때처럼, 사람들 사이의 모종의 합의 혹은 국가권력에 의해 화폐가 만들어진다. "화폐가 화폐인 것은 그것이 화폐이기 때문"이며, "화폐가 화폐로서의 역할을 수행하기 위해서는 그것에 대한 사회적 노동의 투입 및 주관적 욕망의 확장과 같은 실체적인 근거는 아무것도 필요하지 않다."[●●] 여기서 우리는 다시 언어와 화폐의 유사성을 만난다. 빨간색의 둥근 과일을 사과라 부르는 것에는 어떤 필연성의 흔적도 없다. 말을 배우는 어린아이처럼 주위 사람들이 하는 말을 흉내 내며 배울 따름이다. 언어가 의사소통 도구이듯이, 화폐는 경제적 커뮤니케이션 수단이다.

다음은 화폐의 인식론. 언어와의 유비를 이어 나가자. 언어가 감정과 사고를 투명하게 실어 나르는 도구라면, 우리는 언어를 들여다봄으로써 감정과 사고를 남김없이 알아낼 수 있을 것이다. 반대로 우리가 선택하는 언어가 우리의 감정과 사고를 구성한다면, 언어 자체의 논리와 형식에 대한 분석만으로 충분할 것이다. 마찬가지로 화폐가 노동이건 만족이건 그 어떤 실체를 투명하게 반영한다면, 우리는 화폐를 들여다봄으로써 노동이나 만족의 배치에 관해 모든 것을 남김없이 알 수 있다. 그러므로 화폐

● 앙드레 오를레앙 지음, 신영진·표한형·권기창 옮김, 《가치의 제국》, 울력, 2016.

●● 岩井克人, 《貨幣論》, 70쪽.

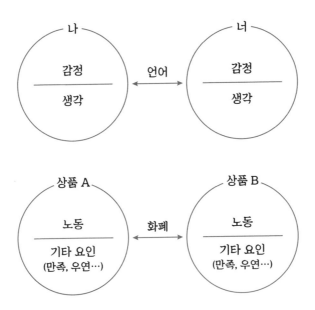

<그림 4.2> 언어와 화폐의 유비

언어가 감정과 사고를 투명하게 실어 나르는 도구라면, 우리는 언어를 들여다봄으로써 감정과 사고를 남김없이 알아낼 수 있을 것이다. 마찬가지로 화폐가 노동과 만족을 투명하게 반영한다면, 화폐를 들여다봄으로써 노동과 만족을 충분히 알 수 있겠지만 안타깝게도 현실은 그렇지 않다. 화폐의 자리에 언어를 놓은 그림은 둘 사이의 유비를 보여 준다.

의 배후에 놓인 심층적 논리에 대한 분석은 사실상 불필요해진다. 반대로 화폐 그 자체의 논리와 형식에만 집중하는 경우도 마찬가지다. 화폐는 그저 실물의 그림자이거나 어린아이가 따라 배우는 언어처럼 이미 이 세상에 주어져 있는 것일 따름이다.

그러나 가치실체를 노동이라 보고 노동시간으로 가치를 측정할 때, 화폐는 그 가치를 반영하면서 나름의 방식으로 왜곡하는 거울이 된다. 애초에 사회과학이 사회 현상에 대한 이야기Narrative이고, 이야기의 본질이 은유라면, 돈과 노동시간을 바꾼다는 것 역시 하나의 은유일지도 모른다. 그 은유가 우리의 자본주의적 삶을 설명하고 해석하는 유효한 수단이 될 때, 비로소 은유는 사회과학이 된다. 그러므로 화폐를 노동시간의 재현으로 보는 것은 그 자체로 하나의 은유이면서도 자본주의적 삶의 현실을 설명하는 강력한 도구가 된다. 마치 상품 세계의 일처럼 보이는 가격 현상의 표면을 꿰뚫고 노동시간을 찾아냄으로써 우리는 새로운 시각을 갖는다. 바로 그것이 마르크스가《자본론》에서 하려 했던 작업이다.

5

프로페셔널의 조건?

시간의 밀도

'프로페셔널'이 되기 위한 시간 관리 비법

오래전 민간경제연구소에서 일한 적이 있다. 모기업의 사정이 어려워진 탓이었을까, 아니면 경제학자와 경영학자가 모인 조직이라 시대를 앞서간 탓이었을까? 새해를 맞이하여 '맨아워^{Man-Hour} 관리'라는 제도가 생겼다. 요컨대 한 사람이 한 시간 일하면 1맨아워가 된다.

매주 월요일 아침이면, 지난 한 주 동안 각자 한 일을 자료 수집, 부서 회의, 전문가 면담 식으로 몇 가지 분류에 맞춰 0.5맨아워 단위로 적어 내야 했다. 토요일 휴무도 없던 시절이라 주당 50여 시간을 남김없이 채워 넣어야 했는데, 실제로 해 보니 생각보다 훨씬 어려웠다. 예를 들어 부서 회의를 스톱워치로 재며 그것도 30분 단위로 끊어서 할 리는 없으니, 도대체 지난 회의를 1.5맨아워라 써 내야 할지, 2맨아워라 써 내야 할지 머리를 싸매고 끙끙 앓아야 했다. 대공분실에 끌려가면 다짜고짜 고문부터 하는 게 아니라, 빈방에 홀로 앉혀 두고 살아 온 얘기를 하나도 남김없이 백지에다 쓰라고 한다던 당대의 도시 전설이 떠오를 지경이었다.

겨우 맨아워를 다 채우고 나면 이른바 논리적 정합성의 문제가 발생하였으니, 같은 부서원끼리 누구는 1.5맨아워, 다른 누구는 2맨아워를 회의에 썼다고 하니 아귀가 맞지 않는 것이다. 궁리 끝에 제일 말단 연구원이 일괄적으로 정리하여 통보해 주는 방법을 찾아냈다. "선배님, 우리 지난주에 회의 두 시간 한 겁니다. 아시겠죠?" 하는 식이다. 어쨌거나 맨아워 보고서 쓰느라 맨아워를 써야 하는 역설이 생겨났고, 나는 50맨아워 중에 한둘 정도는 '맨아워 관리'라 쓰고 싶은 젊은 혈기를 자판기 커피에 곁들인 담배 몇 개비로 꾹꾹 눌러 담았다.●

피터 드러커Peter Drucker가 《프로페셔널의 조건》●●에서 설파한 시간 관리 비법은 프랭클린 다이어리에서부터 대입 수험생의 자기주도 학습노트에 이르기까지 우리 삶 깊숙이 파고들었다. 예화의 '맨아워 관리'가 갖는 차별성은 그것이 자본에 의해 주도되었다는 사실, 때로는 강물처럼 무의미하게 흘러가는 시간을 잘게 쪼개어 강제로 의미를 부여함으로써 시간을 밀도 있게 만들었다는 데에 있다. 그러나 '맨아워 관리'가 맨아워로서 의미를 갖지 못하는 까닭은, 그것이 월급 받고 일하는 시간의 밀도에 전혀 영향을 미칠 수 없는 활동이라 간주되기 때문이다.

거의 모든 부문에서 일반화된 성과 관리는 남의 돈을 받고 일하는 이들로 하여금 자신의 일이 얼마나 밀도 있는지, 바꿔 말하면 얼마나 가치 있는지를 끊임없이 입증하도록 만든다. 이렇게 되면 '내용이 형식을 규정'하는 것이 아니라 오히려 '형식이 내용을 규정'하는 전도順倒 현상이 종종 일어난다. 시간을 아껴서 더 많은 일을 효율적으로 하는 것 못지않게, 유의미한 일을 했음을 시간의 형식에 맞추어 드러내고 인정받는 것이다.

● 류동민, 〈우리 주위의 크고 작은 이화여대 사건〉, 《주간경향》 1189호, 2016년 8월 16일.
●● 피터 드러커 지음, 이재규 옮김, 《프로페셔널의 조건》, 청림출판, 2012.

주어진 형식으로 표현되지 못하는 일은 이미 일이 아닌 셈이다.

자신의 정체성을 타인으로부터 인정받기 위한 노력이 '인정 투쟁 Struggle for Recognition'이라면, 성긴 시간을 **빽빽하게** 만드는 것은 그러므로 인정 투쟁의 중요한 형식이 된다. 한편으로 그것은 마치 빈곤층이 복지 수당을 받기 위해 복잡한 서식의 빈칸을 채움으로써 스스로의 능력 없음과 빈곤을 증명해야 하는 것처럼, 인정을 기다리는 이로 하여금 굴욕을 견뎌 낼 것을 요구한다. 즉, 적극적인 자기주장 형식으로서의 인정 투쟁이 아니라 어쩔 수 없이 수세적으로 자신을 입증해야 한다는 의미에서의 인정 투쟁, 자신의 정체성을 주도적으로 재구성하는 것이 아니라 이미 짜인 시간의 논리에 의해 재구성 당한다는 것이 그 본질이다.

〈모던 타임즈〉의 공장 노동자는 왜 불행해졌나

레빈은 풀을 베면 벨수록 망각의 순간을 더욱더 자주 느끼게 되었다. 그럴 때는 손이 낫을 휘두르는 것이 아니라, 낫 자체가 생명으로 충만한 그의 몸을, 끊임없이 스스로를 의식하는 그의 몸을 움직였으며, 그가 일에 대해 아무 생각을 하지 않아도 마치 마법에 걸린 것처럼 일이 저절로 정확하고 시원스럽게 진행되었다. 이럴 때가 가장 행복한 순간이었다. ●

● 레프 톨스토이 지음, 연진희 옮김, 《안나 카레니나 2》, 민음사, 2009, 41~42쪽.

레프 톨스토이$^{Lev\ Tolstoy}$의 소설《안나 카레니나》의 한 장면이다. 톨스토이의 페르소나라 할 수 있는 레빈은 농노 해방 직후의 시대를 사는 러시아 귀족이다. 농노제가 폐지된 뒤에도 귀족들은 여전히 예전의 생활 양식을 유지하며 지낸다. 반면, 레빈은 육체노동 속에서 단순하면서도 생생한 기쁨을 맛보려 한다. 그는 여태껏 제대로 해 본 적이 없던 농업 노동을 통해 무엇으로도 설명하기 어려운 삶의 충만함을 느낀다. 이 장면은 쿠바 혁명 이후 산업부 장관을 지내던 체 게바라가 휴일에 사탕수수 베기 경쟁을 제안하며 앞장섰다는 에피소드를 연상시킨다.●

레빈의 노동에 대한 묘사는 찰리 채플린의 영화 〈모던 타임즈〉와 정반대의 극단에 놓여 있다. 컨베이어 벨트 앞에서 끊임없이 같은 동작을 되풀이하는 노동은 레빈의 풀베기와 본질적으로 다르지 않지만, 〈모던 타임즈〉에서 찰리 채플린이 연기하는 공장 노동자는 마침내 정신병자로 오해받을 정도로 지독한 노동 소외 증상을 겪고 만다.

모든 구체성의 흔적을 지워 버린 추상적 시간, 그 '텅 빔'은 이렇게 맥락에 따라 삶의 기쁨도 되었다가 지독한 슬픔도 된다. 노동자 출신인 마르크스주의자 해리 브레이버맨$^{Harry\ Braverman}$이《노동과 독점자본》●●에서

● 헬렌 야페 지음, 류현 옮김, 《체 게바라, 혁명의 경제학》, 실천문학사, 2012, 404~405쪽. 혁명적 열정의 상징인 체 게바라를 폄하할 생각은 추호도 없지만, 대개 이런 종류의 에피소드는 신화화된 덧칠의 산물일 가능성이 크다. 무엇보다 체 게바라와 동일한 수준의 열정을 갖지 못한 이들에게 그것은 기쁨이라기보다는 피하고 싶은 고역이었을지도 모른다. 공익에 대한 열정만으로 휴일에 출근하여 육체노동을 하도록 누구에게나 기대할 수 있는 것은 아니다.

●● 해리 브레이버맨 지음, 이한주·강남훈 옮김, 《노동과 독점자본》, 까치, 1998.

주목한 것은 '텅 빈 시간'이 유지되고 강화되는 메커니즘이다. 그는 구상과 실행의 분리를 말하는데, 요컨대 일의 흐름 및 거시 구조를 생각하는 기능과 그렇게 짜인 구조 속에서 일하는 기능이 분리되는 현상을 가리킨다. 이러한 현상은 궁극적으로 전자의 기능을 담당하는 사람과 후자의 기능을 담당하는 사람이 서로 다르다는 것, 특히 후자에서 전자로 넘어가는 것은 사실상 불가능함을 의미한다. 구상과 실행의 분리는 한편으로는 분업을 통해 일을 효율적으로 할 수 있다는 필요, 다른 한편으로는 핵심 기능과 주변 기능 사이의 위계를 설정함으로써 권력을 만들어 내고 유지한다는 필요가 결합하여 이루어진다. 명확하게 구분할 수는 없지만, 앞의 필요가 초역사적 성격이 강하다면 뒤의 필요는 좀 더 역사적인 성격을 띤다.

아르바이트 노동자의 임금을 시간이 아니라 15분 단위로 계산하여 인건비를 절약하려 했다는 어느 기업의 악명 높은 사례는 성긴 시간을 줄이려는 가장 초보적인 방식이다. 별다른 재주 없이 노동시간을 무작정 늘리려는 방법에 다름 아니기 때문이다. 그런데 그 발상에는 이른바 '자본주의적 합리성'의 단면이 숨겨져 있다. 그것은 모든 시간은 동질적인 단위로 구성되어 있기 때문에 마음대로 자르고 오려 붙이는 것이 가능하다는 가정을 강제한다. 즉, 1시간은 15분짜리 4개로 이루어진 레고 블록과 같다고 생각하는 것이다. 레고 블록의 순서를 바꿀 수도 있고 마음대로 1개 혹은 2개를 갖다 붙여 늘릴 수도 있다.● 그러나 15분 동안 일한다고 해서 1시간 분량의 일을 정확히 1/4만큼 마칠 수 있는 것은 아니다. 삶의 이벤트로 채워진 구체적 시간은 결코 균질하게 쪼개지지 않는다. 1시간의 데이트는 15분짜리 데이트 4개와 같지 않다. 창조적 활동에 필요한 시간이

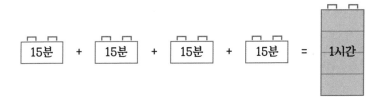

<그림 5.1> 시간의 가분성

모든 시간은 동질적인 단위로 구성되어 있기 때문에 마음대로 자르고 오려 붙이는 것이 가능하다는 가정이다. 즉, 1시간은 15분짜리 4개로 이루어진 레고 블록과 같다고 생각하는 것인데 과연 이것이 가능한 일일까?

1일이라면 1시간씩 쪼갠 24개 단위로는 불가능하다. 그럼에도 자본은 그 것을 전제하며 동시에 강제한다. 이는 텅 빈, 추상적 시간이라는 개념에서 나 가능한 일이다.

무엇이 '복잡한 노동'을 결정하는가

'프로페셔널의 조건'은 현실적으로 새로운 기술의 등장과 함께 형성 된다. 아무런 기술 변화가 없는 상태에서 느닷없이 시간 관리를 요구하기

● 가분성(可分性)은 돈의 가장 중요한 특징이다. 대부분의 사회에서 돈으로 이용된 금은 가 분성을 지닌 대표적 물건이다. 한편 순서를 바꿔도 무방하다는 것은 시간이 가분성뿐만 아니라 가역성(可逆性)까지 지녔음을 의미하는데, 이 문제는 뒤에서 본격적으로 다루기로 한다.

는 쉽지 않기 때문이다.● 새로운 기술의 등장은 양면성을 갖는다. 애초에 기술 발전은 인간의 수고를 덜어 주는 데 목적이 있다. 그러나 그 기술이 사용되는 과정은 오히려 노동시간의 성긴 흔적을 메워 빼곡히 채우는 과정과 결부된다. 컴퓨터나 로봇, 혹은 그 어떤 자동 생산 장치와 함께 운용되는 노동력은 더 이상 자기주도적으로 시간을 관리할 여유를 가질 수 없다. 주어진 시간 안에 입력을 마치지 못하면 출발점으로 되돌아가는 자동응답서비스ARS를 생각해 보라. 약간의 머뭇거림이나 지체도 허용하지 않는 빽빽한 시간이다. 대개 새로운 기술의 도입은 노동강도의 강화를 수반한다.

더 복잡한 기계를 다루는 노동, 더 능숙하게 빠른 속도로 대상을 처리하는 노동은 일반적으로 숙련도가 높은 노동이라 불린다. 반대로 덜 능숙한, 따라서 시간이 더 많이 걸리는, 대개는 덜 복잡한 생산도구를 사용하는 노동은 숙련도가 낮은 노동이다. 마르크스는 숙련도가 높은 노동을 '복잡한 노동Complex Labor'이라 부른다. 숙련도가 높은 노동 1시간은 숙련도가 낮은 노동 몇 시간에 해당하는 것을 만들 수 있으며, 그러므로 몇 배의 보상을 받을 자격이 있는 것으로 인정된다. 가치의 실체가 노동이라 할 때, 모든 노동은 동질적인 단위로 환산되어야 하므로 복잡한 노동은 단순한 노동의 몇 배에 해당하는 것으로 계산된다.

● 물론 특별한 기술 발전이 없더라도 심각한 불황기와 같이 취업이 어려운 상황에서는 해고의 잠재적 위협이 강제력을 발휘할 수 있다. 자본주의 사회의 가장 큰 특징인 경제적 강제, 즉 스스로 땀 흘려 돈을 벌지 않으면 먹고살 수 없다는 강제가 효과적으로 작동하는 순간이다.

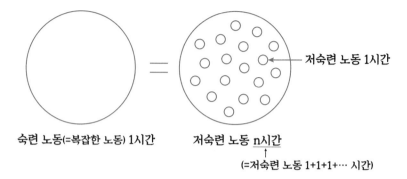

저숙련 노동 1시간

숙련 노동(=복잡한 노동) 1시간　　　저숙련 노동 <u>n</u>시간

(=저숙련 노동 1+1+1+⋯ 시간)

<그림 5.2> 복잡한 노동

숙련도가 높은 노동 1시간은 숙련도가 낮은 노동 몇 시간(=저숙련 노동 1+1+1+⋯ 시간)에 해당하는 것을 만들 수 있으며, 몇 배의 보상을 받을 자격이 있는 것으로 인정된다. 이때 복잡한 노동은 단순한 노동의 몇 배에 해당하는 것으로 계산된다.

어떤 노동이 얼마나 복잡한가를 어떻게 결정할 수 있을까? 마르크스의 말을 들어 보자.

서로 다른 종류의 노동이 그 측정 단위인 단순 노동으로 환원되는 비율은 생산자들의 배후에서 진행되는 하나의 사회적 과정에 의해 결정되며, 따라서 생산자들에게는 관습에 의해 전해져 내려온 것처럼 보인다.●

여기서 우리는 다시 행위자가 알지 못하는 사이에 결정되어 외적 제약으로 주어지는 '구조'에 직면하게 된다. 그것은 때로 "배후에서 진행되

● 카를 마르크스 지음, 《자본론 I-상》, 55쪽.

는 사회적 과정"이며, 때로는 "관습"처럼 보인다. "관습"은 모종의 비합리적 요인이 노동의 복잡도를 측정하는 데 개재될 수도 있음을 암시한다. 이를테면 의과 대학은 왜 4년이 아니라 6년 과정이어야 하는지, 로스쿨은 왜 2년이 아니라 3년 과정이어야 하는지에 대해 누구나 동의할 수 있는 객관적 근거가 존재하는 것은 아니다. 그 현실적 근거는 제도나 법률에 의해 주어진다.

누구나 제도나 법 앞에 평등할 수는 있을지언정, 누구나 제도나 법을 만드는 힘을 평등하게 갖는 것은 아니다. 그러므로 애초에 어떤 사회에서 특정 노동이 복잡한 노동으로 간주되는 과정 자체가 권력이나 이데올로기 작동의 결과라 할 수 있다. 경제학자들이 건조한 언어로 그저 노동에 대한 수요와 공급의 사정이 그렇게 결정하였을 따름이라고 말할 때, 객관적이고 실체적인 결정 요인과 권력이나 이데올로기적 결정 요인은 하나로 뭉뚱그려진다.

우리가 흔히 말하는 노동생산성은 들인 노동시간당 만들어지는 생산물의 양을 가리킨다. 스톱워치로 측정한 노동시간이 똑같다 하더라도 시간의 밀도는 구체적 상황에 따라 달라진다. 때로 시간의 촘촘한 밀도는 《안나 카레니나》의 레빈처럼 자발적 욕구 혹은 체 게바라처럼 혁명을 향한 의지적 낙관과 가슴 벅찬 보람에 기초할 수도 있다. 그러나 대부분의 경우 〈모던 타임즈〉의 공장 노동자처럼 극도의 소외감을 대가로 얻는 텅 빈 시간의 산물인 경우가 더 많을 것이다. 고통을 대가로 만들어진 더 많은 양의 생산물이 보람을 주며 만들어진 더 적은 양의 생산물보다 더 높은 노동생산성이라 불릴 때, 우리 시각에서 이미 노동은 사라진다. 그 생산물이 시장에서 얼마의 가격으로 팔리는지로 노동생산성을 측정할 때, 노동생산성은 다름 아닌 자본의 시각으로 재구성된다.

스톡으로서의 시간 vs. 플로우로서의 시간

먼저, 알기 쉽게 댐Dam의 비유로부터 시작해 보자. 댐에 가득 채운 물의 양을 스톡Stock이라 하고, 수문을 열었을 때 배출되는 물의 양을 플로우Flow라 하자. 스톡은 재산처럼 일정 시점에 측정한 쌓여 있는 양이며, 플로우는 월급이나 시급처럼 일정 기간 동안 흘러나오는 양이다. 사람의 노동력은 교육이나 경험을 통해 그(녀)의 몸과 마음에 쌓인 것이므로 일종의 스톡인 셈이다.

스톡으로서의 복잡한 노동은 과연 플로우로서도 그 복잡도에 비례하는 복잡한 노동일까? 댐의 비유를 이어 가자면, 저수용량이 큰 댐은 그에 비례하여 시간당 물을 배출하는 속도도 빠를까?

오랜 교육 기간과 고도의 전문 지식, 상당한 경험을 요구하는 숙련노동은 실제로 일할 때마다 매 순간 높은 수준의 복잡도를 요구할까? 매우 숙련도가 높은 노동도 일상적으로는 단순 반복적인 일들로 이루어진다는 점에서 양자 사이에 엄밀한 비례 관계가 있다고는 말하기 어려울 듯도 하다. 외과 의사의 바느질은 어느 순간에는 옷을 수선하는 이의 바느질과 본질적으로 다르지 않다.

다른 한편, 스톡으로서의 시간과 플로우로서의 노동에 주어지는 보

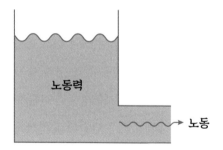

<그림 5.3> 스톡과 플로우

노동력이라는 댐(스톡)에서 노동이라는 물(플로우)이 흘러나온다. 스톡은 재산처럼 일정 시점에 측정한 쌓여 있는 양이며, 플로우는 월급이나 시급처럼 일정 기간 동안 흘러나오는 양이다.

수 사이에는 어떤 관계가 존재할까? 스톡으로서의 시간을 결정하는 핵심 요인은 교육과 훈련에 드는 시간이다. 이를 인적자본Human Capital 투자의 개념으로 생각한다면, 내가 들인 시간 비용에 비례하여 노동의 보상이 결정되어야 할 것이다. 그러나 모든 투자가 그러하듯이, 고도의 인적자본을 획득하기 위해서는 일정 규모를 넘는 자금이 필요하다. 로스쿨을 다니는 데 필요한 자금은 운전 학원을 다니는 데 필요한 자금과 비교할 수 없을 정도로 많다.

만약 자금 조달에 어떤 한계가 존재한다면, 인적자본 투자의 수익률은 동원 가능한 자금 규모에 따라 달라질 것이다. 이에 대해 토마 피케티 Thomas Piketty는 자금 규모에 따라 수익률이 달라진다는 사실을 강조한다.●

● 토마 피케티 지음, 장경덕 옮김,《21세기 자본》, 글항아리, 2014, 536~539쪽.

당신이 가진 돈이 1천만 원이라면 기껏해야 1년에 몇 퍼센트도 안 되는 정기 예금 이자밖에 벌 수 없겠지만, 수백억 원의 돈을 가지고 있다면 다양한 투자 방법으로 훨씬 높은 수익을 얻을 수 있을 것이다. 그러므로 돈마저도 여기서는 그 본질적 특성인 가분성을 유지하지 못한다.

학벌 획득을 둘러싼 경쟁이 가족 단위의 총력전 양상을 띠는 한국 사회에서, 일본의 마르크스 경제학자 이토 마코토伊藤誠의 다음과 같은 지적은 절실하게 와닿는다.

> 복잡 노동의 교육 양성 비용이 자유 시장에서의 가족 단위 경쟁이면 오히려 특정 직종의 계층화가 되어 버린다. 공적 부담으로 교육 훈련이 이루어지면, 복잡 노동이 높은 보수를 받을 필연성이 옅어지고 사회의 유동성, 경제민주주의의 기초가 확립된다.●

대학 커리큘럼에까지 기업이 개입하는 취업 위주 교육은 기업이 부담해야 할 교육비 일부를 개인에게 전가하는 효과를 갖는다. 고도의 복잡 노동으로 인정되는 노동력을 습득하기 위해서는 많은 돈과 시간이 필요하게 마련이다. 그런데 그 돈과 시간 대부분을 개인 차원에서 부담해야 한다면, 그 복잡 노동은 일정 수준 이상의 경제력을 갖춘 계층만이 접근 가능한 직종이 되고 만다. 시장 원리에 입각한 수익성 논리가 철저하게 작동할수록, 플로우로서의 시간, 더 정확하게는 그에 대한 보상은 스톡으로서

● 伊藤誠,《資本論を読む》, 講談社, 2006, 152쪽.

의 시간에 맞춰질 가능성이 커진다. 그러므로 플로우로서의 시간이 갖는 밀도는 커진다. 아니 큰 것으로 받아들여진다. 복잡 노동의 교육비가 공적 부담으로 충당될 때, 복잡 노동을 담당하는 것은 자금 부담 능력을 갖춘 계층이 아니라 해당 노동에 흥미와 소질을 갖춘 이들이 될 것이므로 사회 전체적으로 더 나은 결과를 기대할 수 있을지도 모른다.

6

항상 현재로 돌아오는 시간 여행

시간의 착취

현재로만 돌아오는 시간 여행

영화 〈자유의 언덕〉에서 여자는 한때 사랑했으나 만날 수 없는 남자로부터 온 편지 꾸러미를 읽는다. 바람에 날려 헝클어져 버린 편지들의 순서를 알아내는 것은 불가능하다. 마치 우리 머릿속에서 먼 과거와 더 먼 과거의 기억, 게다가 현재의 감정까지 얽히고설키어 완전히 새로운 이야기를 만들어 내는 것과도 같다. 과거는 현재의 관점에서, 심지어는 허구적으로 재구성된다. 우리가 삶을 기억하는 방식도 이와 비슷하다.

> 우리는 흔히 '나'라는 주체는 크게 변화하지 않는 항상성을 지닌 존재라고 생각한다. 그렇지만 '나'는 내가 맺고 있는 여러 사회관계, 그리고 그것을 둘러싼 물질적 조건이 변화함에 따라 끊임없이 변화하는 존재다. 즉, '오늘의 나'는 이미 '어제의 나'와는 다른 존재다.●

역사가 과거와 현재의 대화라는 에드워드 카Edward Carr의 말은 개인의 삶에도 그대로 적용할 수 있다. 기억은 현재의 관점에서 끊임없이 과거

● 류동민, 《기억의 몽타주》, 한겨레출판, 2013, 141쪽.

를 다시 쓰는 행위이기 때문이다.

시간 여행은 오래전부터 그랬듯이 앞으로도 변함없는 흥밋거리일 것이다. 소설이나 영화의 시간 여행자들은 과거와 미래를 넘나들면서, 흘러가는 시간을 붙잡거나 돌이킬 수 없다는 인간 본연의 실존적 한계를 뛰어넘는다는 점에서, 아마도 인간의 염원을 책임지고 있는 것이리라. 미래로 달려가 불확실한 내 삶의 경로를 미리 알아낼 수 있다면? 어쩌면 그보다도 더 간절히 바라건대, 과거의 어느 시점으로 돌아가 뒤엉켜 버린 내 삶의 실타래를 깔끔하게 풀어놓을 수 있다면?

과거와 미래를 자유로이 오가는 대개의 시간 여행과 달리, 항상 미래로만 떠날 수 있으며 현재로만 돌아올 수 있는 시간 여행이 여기 있다. 현재적 의사 결정에 관한 학문이라고도 할 수 있는 경제학은 과거에 일어난 일에 더 이상 얽매이지 말라고 가르친다. 이른바 합리적 행동의 준칙은 지금부터 생겨날 비용과 편익만을 고려해야지, 이미 돌이킬 수 없는 비용에 미련을 두어서는 안 된다고 설명한다.* 자본주의 시장경제에서 살아가기 위해 우리는 체계적으로 미래를 예측하고 거기에 맞춰 현재의 행동을 바꾸도록 끊임없이 요구받는다.

상품의 가치는 그 상품을 만드는 데 필요한 노동시간으로 표현된다. 노동시간은 지금 이 순간부터 상품을 생산하기 시작할 때 걸리는 시간을

● 　매몰비용(Sunk Cost)은 합리적 의사 결정의 장해물일 따름이다. 물론 좀 더 고급 단계에서는 매몰비용에 사로잡혀 왜곡되는 의사 결정에 관해서도 연구한다. 그러나 그렇다고 해서 애초에 설정된 합리적 행동의 준칙이 바뀌지는 않는다.

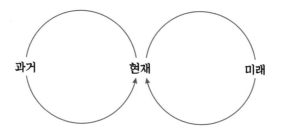

<그림 6.1> 경제학의 시간 여행

경제학에서 과거와 미래는 끊임없이 현재로 소환된다. 현재적 의사 결정에 관한 학문인 경제학은 과거에 얽매이지 말고 미래를 체계적으로 예측해 현재의 행동을 바꾸도록 요구한다.

가리킨다. 어제까지는 열 시간이 걸려야 만들 수 있었던 상품도 오늘 새로운 방법으로 다섯 시간 만에 만들 수 있다면 그 가치는 열 시간이 아니라 다섯 시간이다. 그러므로 빠른 속도로 기술이 발전하고 있다면, 지금 이 순간에도 상품의 가치는 변화한 기술에 맞춰 끊임없이 재평가되어야 한다. 상품의 가치가 노동시간이라는 규정은 그러므로 '생산에는 시간이 걸린다.'라는 자명한 (그러나 종종 잊히는) 사실과 '항상 현재로 귀착되는 과거와 미래'라는 시간관념을 결합한다. 마치 미래로 달려가서 내 모습을 보고는 다시 현재로 돌아와 바꿔 보려는 시간 여행자처럼.

부리는 노동량 vs. 들어간 노동량

시장에서 이루어지는 상품 교환이 실은 각 상품이 대표하는 노동시간의 교환이라 할 때, 과연 그 노동시간이란 무엇을 가리킬까?

먼저 화폐가 재현해 낸 노동시간, 즉 어떤 상품이 시장에서 얼마만큼의 노동량을 살 수 있는가를 생각해 보자. 카페에서 일하는 아르바이트 노동자의 시급이 6,000원이라면, 그 시급으로는 4,000원짜리 아메리카노 1.5잔을 살 수 있다. 거꾸로 아메리카노를 기준으로 생각해 보면, 1잔을 팔아 아르바이트 노동자의 노동을 2/3시간, 즉 40분어치 살 수 있다. 이때 40분은 아메리카노 1잔으로 부릴 수 있는 노동량이라는 의미에서 지배노동량the Quantity of Commanded Labor이라 불린다.

다음으로 아메리카노 1잔을 만드는 데 필요한 노동량을 생각해 볼 수 있다. 노동량이 그만큼 들어갔다는 의미에서 투하노동량the Quantity of Embodied Labor이라 부른다. 아메리카노 1잔을 만들기 위해서는 커피를 내리는 노동이 필요하다. 물론 그 노동만으로 커피가 완성되지는 않는다. 일정 분량의 원두와 커피 머신도 필요하다. 그 원두는 어떻게 만들어졌을까? 거슬러 올라가면 남아메리카나 아프리카에서 고된 노동으로 커피를 수확한 농부의 노동에 가닿는다. 다시 커피 머신을 좇아가면 동남아시아나 중국 어느 공장의 생산 라인에서 땀 흘리는 노동자의 노동과 만나게 된다. 이 모든 노동시간을 다 합친 것이 아메리카노 1잔 안에 들어 있다. 그러나 이때의 노동시간은 과거로부터 누적된 시간을 합치는 것이 아니라 현재 관점에서 미래에 발생할 노동시간을 합치는 것이다. 지금 마시는 아메리카노 1잔에 과거의 노동이 2시간 들어 있다 하더라도, 그 사이에 나온 새로운 기술이나 더 효율적인 노동으로 말미암아 지금부터는 1시간 30분만에 만들 수 있다면, 아메리카노 1잔의 투하노동량은 1시간 30분으로 계산되어야 한다.

이제 지배노동량과 투하노동량의 관계를 생각해 보자. 지배노동량이 투하노동량보다 크다는 것, 즉 아메리카노 1잔이 시장에서 부릴 수 있는 노동시간이 그 안에 들어 있는 노동시간보다 더 많다는 사실은 무엇을 뜻할까? 노동자 개인의 관점에서 따져 보면 알기 쉽다. 노동자가 살아가기 위해서는 하루에 아메리카노 3잔을 마셔야 한다고 가정해 보자. 1잔에 4,000원이니 1만 2,000원이 필요하다. 시급이 6,000원인 이 노동자는 하루에 2시간을 일해야 먹고사는 데 필요한 아메리카노 3잔 값을 벌 수 있다. 그런데 지배노동량이 투하노동량보다 크다고 했으니, 실상 아메리카노 3잔 안에 들어 있는 노동량은 2시간 미만이다.● 즉, 이 노동자의 경우, 자신이 실제로 일한 시간에 비해 시장에서 돈을 주고 구입한 상품에 포함된 노동시간, 즉 자신이 얻는 노동시간이 더 적다고 할 수 있다.

노동자가 먹고살기 위해 필요한 상품을 만드는 데 들어간 노동을 '필요노동'이라 부르고, 그것을 초과하는 노동을 '잉여노동'이라 부른다. 지배노동량이 투하노동량보다 크다는 것은 잉여노동이 존재한다는 뜻이다. 사회 전체의 노동시간 총량을 하나의 커다란 창고에 쌓아 둔다면, 노동자가 거기에 갖다 넣은 자신의 노동시간은 그곳에서 아메리카노라는 상품의 형태로 찾아가는 노동시간에 비해 많다는 뜻이기도 하다.

● 노동자가 아메리카노뿐만 아니라 다른 상품도 함께 소비하는 일반적인 경우에도 이러한 관계는 수학적으로 쉽게 증명된다. 다만 아메리카노는 물론 다른 모든 상품의 경우에도 지배노동량이 투하노동량보다 크다는 전제가 있어야 한다.

자본주의가 살아 있는 한 착취는 계속된다

지배노동량이 투하노동량보다 크다는, 얼핏 직관에 반하는 듯한 이 명제는 곰곰이 생각해 보면 이윤이 플러스라는 주장이다. 마르크스 경제학이 주목하는, 그러므로 항상 논란거리였던 착취Exploitation 개념이 바로 이것이다. 따라서 착취는 엄밀한 논리적 증명의 대상이라기보다는 자본주의가 살아 있는 한● 현실에서 스스로를 입증하는 명제라고 할 수 있다.

내가 들인 노동시간이 온전히 내 것이 되지 못하고 일부는 누군가의 손에 들어간다는 것, 나의 노동시간이 너의 노동시간으로 되는 것, 바로 착취가 의미하는 내용이다. 노동자 개인의 관점에서 확인되는 '필요노동시간'과 '잉여노동시간'의 구분은 사회 전체의 관점으로도 확장된다. 각 노동자의 노동시간이 필요노동시간과 잉여노동시간으로 나뉜다면, 노동자들의 노동을 한데 모은 총 노동시간 또한 필요노동시간과 잉여노동시간으로 나뉘는 것이다.

사회가 성장하기 위해서는 노동자들이 먹고사는 것만을 만들어 내서는 안 된다. 자본가도 먹고살아야 하며, 무엇보다 새로운 기계를 만들고 공장도 지어야 한다. 그러므로 흔히 오해하는 것과는 달리, '지배노동량=투하노동량'이라고 해서 바람직한 사회는 아니다. 지배노동량과 투하노동량이 일치하는 사회는 이윤이 0인 사회, 따라서 성장의 여지가 없는 사

● 자본주의가 '살아 있다'라는 것은 자본가가 노동자를 고용하는 자본-임금노동 관계에 기초한 경제가 규칙적으로 플러스의 이윤을 얻는다는 뜻이다.

회이기 때문이다.

그러므로 '착취'라는 현상 혹은 개념에는 두 가지 측면이 있다.

첫째, 노동자가 일한 시간의 총량은 필요노동시간보다 크다는 것, 즉 양자 사이에 측정할 수 있는 시간 차이가 존재한다는 것이다. 그러나 이 차이의 측정이 마치 '하느님의 징표'를 얻는 것처럼 간주될 수는 없다. 눈에 보이지 않는 하느님의 존재를 징표로써 입증하듯이, 노동시간의 차이를 명징하게 보임으로써 착취를 증명하는 식의 문제는 아니라는 말이다. 많은 마르크스주의자가 "착취에 대한 회계적 관념과 단절해야 한다."라고 주장하는 까닭이기도 하다.●

둘째, 사실 더 본질적인 문제는 그렇게 초과된 '나의 노동시간'을 구획하고 처분하는 힘을 가진 타인이 존재한다는 것이다. 사회의 다양한 부문으로 노동이 배분되는 과정은 시장 논리, 바로 수요-공급의 힘을 따른다. 거대한 사회악이 발생했을 때 아무리 찾아봐도 모든 것을 기획하고 음모를 꾸민 악인은 어디에도 존재하지 않듯이, 도저한 시장 논리 속에는 그저 살아남기 위해 최선을 다하는 평범한 주체만 있을 따름이다. 그러나 그 주체들 중에 우리가 기업이라 부르는 조직을 생각해 보면 얘기가 달라진다. 오래전 로널드 코즈Ronald Coase가 말한 경구처럼, "기업은 시장이라는 바다 위에 떠 있는 섬이다."

───────────────

● 흥미로운 것은, 주로 비경제학자들이 이런 주장을 하는 경우가 많다는 점이다. 경제량을 측정하고 그 변화의 방향을 관찰하며 예측하는 것은 어쩔 수 없는 경제학자들의 숙명이며, 세상 만물을 경제량으로 환원하는 데 대해 거부감을 갖는 것이 비경제학자들의 공통 정서인 까닭도 없지 않다.

노동시간의 경제학

저 문장의 의미는 대략 이렇다. 우리는 거의 모든 것이 시장 논리로 해결되는 자본주의 사회에 살고 있다. 그런데 바로 그 자본주의의 가장 핵심적이고 능동적인 주체인 기업 안에서는 시장 논리가 작동하지 않는다. 공개 입찰을 해서 가장 낮은 가격에 업무를 처리해 주겠다는 박 대리에게 이사님이 일을 맡기는 상황은 생각할 수 없는 것이다.

기업의 경계를 넘어 밖으로 나서는 순간 시장이 작동하므로 개별 기업은 자신의 상품에 든 노동시간을 우격다짐으로 밀어붙일 수 없다. 투하 노동량에 비례하건 안 하건 수요와 공급의 객관적 논리가 작동하기 때문이다.● 그러나 기업 내부에서는 다르다. 자본 소유자의 권력이 작동하기 때문이다. 그러므로 착취를 말할 때 초점은 기업 내부로 이동해야 한다. 마르크스가 말한 "'관계자 외 출입금지'라고 입구에 쓰인 은밀한 생산 장소"●● 안에 들어서는 순간 민주주의 가치마저도 힘을 잃어버린다. 언어의 유비는 이 출입금지 구역에서 더 이상 비유에 머무르지 않고 생생한 현실이 된다. 시장에서는 상품들 사이의 언어가 통용되는 듯 보이지만, 이 구역 안에서는 말로 명령이 내려지며 그 말에는 거부하기 어려운 힘이 실리

● 물론 이것도 이상적인 자유 경쟁 시스템에서만 그렇다. 우리가 늘 목도하는 바와 같이, 독점력을 가진 기업은 소비자에 대해, 대기업은 하청 업체인 중소기업에 대해 권력을 행사함으로써, 상대의 노동시간을 낮추고 자신의 노동시간을 높이는 힘을 지닌다.

●● 카를 마르크스 지음, 《자본론 I-상》, 232쪽.

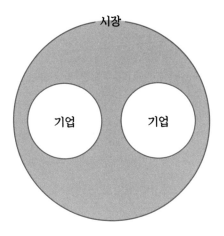

<그림 6.2> 기업은 시장이라는 바다 위에 떠 있는 섬이다

기업 안에서는 시장 논리가 작동하지 않는다. 자본 소유자의 권력이 작동하기 때문이다. 마르크스는 이를 가리켜 "관계자 외 출입금지"라고 표현했다.

기 때문이다.● 최고 경영자의 기여를 평가하고 그에 따른 보수를 결정하는 일은 주식 시장이나 전문경영인 인력 시장이 아니라 '그들만의 리그'에서 이루어진다. 비단 20대 중반에 부장으로 입사하여 5년 만에 임원으로 승진하는 한국의 재벌 2세 얘기만은 아니다. 그러므로 노동시간이 돈으로 인정받는 메커니즘은 기업의 안과 밖에서 분명하게 다르다.

한때 마르크스 경제학자였으나 지금은 기본소득Basic Income의 열렬한

● 이는 경제 영역의 문제만은 아니다. 대의 민주주의 제도에서 선출된 권력도 금지된 장소, 요컨대 권력이 작동하는 공간에 자리할 때면 일상적으로 누구도 견제할 수 없는 강력한 힘을 행사한다.

옹호자인 필리프 판 파레이스Philippe van Parijs는 다음과 같이 말한다.

> 노동 없이 대지가 생산한 것보다 더 많은 것을 노동이 대지로 하여금 생산
> 할 수 있게 한 것과 꼭 마찬가지로, 자본 없이 노동이 생산한 것보다 더 많
> 은 것을 자본은 노동으로 하여금 생산할 수 있게 한다. 전자의 사실이 노
> 동이 생산물의 생산에 공헌한다고 선언하기 위한 충분한 근거라면, 후자의
> 사실은 자본 역시 생산에 기여한다고 선언하기 위한 충분한 근거다.●

요컨대 노동의 기여와 자본의 기여를, 얽히고설킨 실타래를 차근차
근 풀어내어 칼로 두부 자르듯 깨끗이 나눌 수 없다는 말이다. 그런데 이
런 식으로 착취 개념을 비판하면, 역설적으로 착취가 단지 회계 개념만이
아니라 (기업 안에서 권력이 작동하는 방식과 같은) 질적 측면에서도 중요하다
는 주장과 똑같은 논리에 기초하게 된다.

교조적인 마르크스주의자들이 오해했던 것처럼, 노동과 자본(혹은 대
지나 그 무엇이라도)이 함께 만들어 낸 생산물이 모조리 노동에 돌아간다고
해서 착취가 사라지진 않는다. 성장하는 모든 사회에서는 필요노동시간
을 넘어서는 잉여노동시간이 있게 마련이다. 착취 없는 사회가 지향하는
바는 잉여노동시간의 결과인 잉여생산물을 어디에 얼마나 소비하고 투자
하는가를 사회적으로 결정해야 한다는 것, 좀 더 일반적으로 말하자면 이
는 민주주의의 원칙이다.

● 필리프 판 파레이스 지음, 조현진 옮김, 《모두에게 실질적 자유를》, 후마니타스, 2016, 287쪽.

물론 우리는 대지(혹은 땅으로 상징되는 자연환경)의 착취에 관해서도 말할 수 있다.• 대지의 착취가 오랜 시간이 흘러 노동을 갉아먹는 시스템을 만들어 낸다면, 당연히 우리는 그것을 걱정하고 준비해야 한다. 그것은 이미 현실로 다가와 있다. 그러나 그 무엇보다도 자본에 의한 노동 착취가 더욱 근본적인 것은 다름 아닌 우리가 인간이라는 사실 때문이다. 인간에게는 한정된 시간이 주어진다는 것, 그리고 그 주어진 시간에 노동을 해야 한다는 것. 우리가 '노동시간의 경제학'에 주목할 수밖에 없는 이유다.

나의 시간이 온전히 내 것이 되지 못하는 이유

주체와 객체의 대립은 여기서 다시금 등장한다. 주체에 초점을 맞추면, 누구나 불확실한 미래보다는 확실한 '지금 여기Here and Now'를 더 좋아한다는 것, 이른바 시간선호Time Preference 개념에 주목하게 된다. 피케티는 자본을 가진 이들은 항상 일정 수준 이상의 수익률을 올린다는, 당연해 보이지만 쉽게 설명되지 않는 현상을 해석하는 하나의 예로 시간선호이론을 언급한다.

● 이때 더욱 본질적인 경우는 소유자가 없는 대지의 문제다. 예를 들어 높은 임대료로 말미암은 지주에 의한 착취라면, 그것은 결국 대지가 누군가에게 소유된다는 사실 때문에 생기는 문제다. 즉, 대지 자체가 아니라 소유에 기초한 착취가 문제다. 그러므로 인간에 의한 인간의 착취 일반에 얹히는, 구조로서의 자본주의적 착취에 관해 말할 때는 자본-노동 문제에 초점을 맞출 수밖에 없다. 즉, 착취가 없는 가상적인 사회 경제 시스템을 상상할 때, 일단은 자본에 의한 착취에 주목하게 된다.

이렇게 자본수익률이 약 4~5퍼센트로 비교적 고정되는 현상, 그리고 2~3퍼센트 아래로는 결코 떨어지지 않는다는 사실을 설명하기 위해 일반적으로 사용되는 경제모형은 현재를 선호하는 "시간선호" 개념에 바탕을 두고 있다. 달리 말하면, 경제 주체들은 얼마나 인내심이 있는지와 얼마나 미래를 고려하는지를 측정하는 시간선호율(보통 θ로 표시된다)에 따라 특징지어진다. 예를 들어 θ=5퍼센트라면 해당 주체는 오늘 100유로를 더 쓰기 위해 미래에 쓸 수 있는 105유로를 희생할 의사가 있는 것이다. 이 "이론"은 경제학의 다른 여러 이론 모형과 마찬가지로 다소 동어반복적이다. 어떤 행동을 관찰할 때든 관련 주체들에게 항상 그러한 행동을 하도록 이끈 선호 혹은 전문적인 용어로는 "효용함수"가 있다고 가정해 설명할 수 있기 때문이다.●

'자본이 얻는 수익, 즉 이윤은 어디에서 나올까?'라는 경제학의 해묵은 질문에 대해, 시간선호이론은 똑같은 가치의 자산이라면 누구나 나중에 얻기보다는 지금 갖기를 더 바란다는 사실로부터 출발한다. 그러므로 내가 가진 자본을 지금 다 써 버리지 않고 저축하거나 투자하여 1년 뒤에 거두어들인다면, 현재를 포기하고 미래를 선택한 만큼의 대가가 주어지기를 바란다. 만약 5퍼센트의 시간선호율을 가진 주체가 실제로는 2퍼센트의 수익밖에 얻지 못한다면, 그 주체는 저축이나 투자를 멈출 것이다. 주체들이 그렇게 행동하면 자금의 공급은 줄어들고 모종의 시장 논리가 작용함으로써 수익률은 다시 올라간다. 그러므로 수익이 발생하는 '구조'

● 토마 피케티 지음, 《21세기 자본》, 429쪽.

는 일단 시야에서 사라진다.

피케티의 지적은 주체의 '합리적 선호' 개념을 전가의 보도로 내세우는 경제학이 지닌 약점을 정확하게 공격한다.● 동어반복 논리로는 그 어떤 선택도 사후적으로 정당화할 수 있다. 이를테면 인간은 이기적 존재인데 왜 때로 남을 위해 희생하는가? 희생한다는 사실이 알려짐으로써 얻을 수 있는 좋은 평판을 추구하기 때문이다. 좋은 평판이 결국에는 자신에게 이익이 된다는 의미에서 희생은 궁극적으로 이기적인 행동이다. 희생이 널리 알려지지 않는다 하더라도, 최소한 스스로 좋은 일을 했다고 느낌으로써 만족한다면 그 또한 이기적인 행위가 된다.

객체를 강조할 때, 초점은 다시 주관적 선호나 의지만으로는 어찌할 도리가 없는 '구조'로 옮아간다. 나의 시간이 온전히 내 것이 되지 못하고 타인의 시간으로 바뀌는 '구조'가 존재한다는 것, 바로 착취론이 주목하는 지점이다.

● 피케티는 이어서 말한다. "이 이론의 문제점은 지나치게 단순하고 체계적이라는 것이다. 모든 저축 행위나 미래에 대한 태도를 하나의 변치 않는 심리적 매개변수로 요약할 수는 없다." 토마 피케티 지음, 《21세기 자본》, 430쪽.

7

시급에는 건강하게
출근하는 것까지 포함된 거야

삶의 시간 vs. 자본의 시간

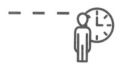

경제학의 눈으로 읽은 《편의점 인간》

소설 《편의점 인간》[•]의 주인공은 대학 졸업 후 18년째 편의점 점원으로 일하는 여성이다. 연애도 하지 않고 친구도 사귀지 않으면서 끼니조차 편의점 음식으로만 해결하며 편의점 안에 있을 때만 편안함을 느끼는 그녀. 자신이 받는 시급에는 건강하게 출근하는 것까지 포함된 거라는 다짐을 되풀이하곤 한다. 계속 바뀌는 아르바이트 직원에, 심지어는 점장까지 맞이하고 보내면서 늘 비슷한 생활을 반복하고, 어쩌다 다른 편의점에 들를 때도 무의식적으로 상품 진열 상태를 챙기는 그녀의 모습은 사실 편의점이라는 특수한 공간을 일반적인 일터로 바꾼다면 그다지 특별한 것이 아닐 수도 있다.[••] 얼핏 읽어서는 《편의점 인간》이 현실을 비판하는지 아니면 그저 담담하게 묘사하고 있을 따름인지도 분명하지 않다. 아쿠타가와상芥川賞을 받고 나서도 계속 편의점에서 일할지 점장과 상의해 보겠다는 지은이의 인터뷰를 읽으면 더더욱 그러하다.

소설 속의 맥락이 무엇이건 "시급에는 건강하게 출근하는 것까지 포

● 무라타 사야카 지음, 김석희 옮김, 《편의점 인간》, 살림, 2016.

●● 경제성장기 일본의 이른바 '회사형 인간'도 별로 다르지 않다.

함된 거야."라는 문장만 따로 떼어내 경제학의 눈으로 읽으면 두 가지 관점에서 해석할 수 있다. 하나는 시급을 주는 이의 입장에서, 그러하니 노동자들은 일터 바깥에서 각자의 육체적·정신적 능력을 온전하게 유지할 의무가 있다는 뜻으로 해석하는 것이다. 어느 대기업이 외국 출장지 도박장에 직원의 출입을 금지한다는 경고장을 붙였다는 사례●는 바로 이러한 관점을 생생하게 표현한다. 다른 하나는 시급을 받는 이의 입장에서, 그러하므로 내가 일할 능력을 온전히 유지할 수 있기에 충분한 돈을 달라는 권리의 표현으로 해석하는 것이다. "건강하게 출근하는 것"을 의무로 보느냐 권리로 보느냐는 이렇게 갈린다.

따라서 노동시간의 길이를 둘러싸고 일어나는 자본가와 노동자의 대립에 관한 다음과 같은 마르크스의 서술은 이 경우에도 적용할 수 있다.

> 여기에는 권리 대 권리라는 하나의 이율배반이 일어나고 있다. 즉, 쌍방이 모두 동등하게 상품 교환의 법칙이 보증하고 있는 권리를 주장하고 있다. 동등한 권리와 권리가 서로 맞설 때는 힘이 문제를 해결한다.●●

그런데 《편의점 인간》의 주인공은 시급을 받는 점원이면서도 두 번째가 아니라 첫 번째 관점에서 예의 문장을 되새긴다. 지은이가 현실 비판

● 〈베트남 호텔에 '삼성 직원 게임장 출입 금지' 경고문 걸린 이유는〉,《연합뉴스》, 2016년 4월 24일.
●● 카를 마르크스 지음,《자본론 I-상》, 315쪽.

을 의도했다면 자본의 관점을 내면화한 노동자의 모습을 보여 주는 것이겠으나, 어쩌면 그저 건실한 생활인의 자세를 묘사한 것일 수도 있다. 자기 일에 성실하다는 것은 언제 어디서나 바람직한 덕목이다. 그러나 강제로 제한된 영역 안에서의 성실은 굴종의 미화일 수도 있으며 나쁜 구조를 공고하게 만드는 데 이용되기도 한다. 실은 바로 여기에 자본주의 시장경제에서 노동력을 판매함으로써 먹고사는 노동자가 맞닥뜨리게 되는 양면성, 즉 '실존적 성실'이라는 개인적 삶의 문제와 '권리는 힘을 통해서만 확정된다.'라는 사회적 삶의 문제가 가로놓여 있다.

돈이 되지 않는 시간, 여가

어제와 다름없이 건강하게 오늘도 출근하는 상태를 노동력의 재생산 Reproduction이라 부른다면, 그것은 삶의 재생산에서 매우 중요한 부분이다. 그러나 노동력의 재생산과 삶의 재생산이 반드시 같은 것은 아니다. 노동력이 재생산되더라도 삶은 얼마든지 피폐해질 수 있다. 물론 그러한 상태가 지속되면 결국 노동력마저 제대로 재생산되기 어려워진다.

자본주의 시장경제에서 노동력의 재생산은 자본-노동 관계라는 사회관계의 재생산으로 귀결된다. 개인으로부터 관계만 따로 떼어내 생각할 수 없듯이, 관계로부터 개인만 분리하는 것도 불가능하다. 노동력의 재생산은 그저 스스로 건강한 신체와 정신을 유지하는 것만이 아니라 고용해 줄 수 있는 상대방이 존재해야 비로소 가능해진다. 홀로 제아무리 높은

'스펙'을 쌓는다 한들 사회적으로 인정받지 못한다면 무의미한 바, 그 '인정'의 주체는 어디까지나 자본이다. 그러므로 애초부터 노동력의 재생산은 자본주의적 관계로부터 벗어날 수 없는 운명을 지닌다.

그러나 삶의 재생산은 여전히 비자본주의적 영역에 크게 의존한다. 가족이나 연인, 친구 및 지인과의 관계, 삶의 재생산을 구성하는 많은 관계가 자본주의적 시장 원리를 전적으로 따르지는 않기 때문이다.● 삶의 재생산 영역에 속하는 많은 것은 노동력의 재생산 영역에도 속한다. 가사노동이 제대로 이루어지지 않는다면, 제아무리 많은 시급을 받더라도 노동력이 원활하게 재생산될 수 없다. 노동력의 재생산을 위해 불가결한 소비 활동 그 자체도 많은 시간을 필요로 한다. 그러나 자본주의가 발전함에 따라 삶의 시간은 점점 더 시장화(혹은 상품화)한다. 예를 들어 많은 유형의 돌봄노동Caring Labor은 비시장적 관계에서 벗어나 상품 영역으로 흡수된다. 그렇게 자본의 시간은 삶의 시간으로 스며들어 뒤섞이곤 한다.

흔히 경제학 교과서는 개인에게 주어진 시간을 돈을 버는 시간과 여가Leisure로 나눈다. 돈을 버는 시간은 노동하는 시간이며, 그 나머지 시간은 모두 여가로 간주된다. 뒤집어 말하자면 여가는 돈을 벌지 않는 모든 시간이다. 주체를 강조할 때 여가는 자유로이 선택된 시간이지만, 구조를 강조할 때 그것은 수동적으로 받아들일 수밖에 없는 시간이 된다. 노동과

● 물론 이 경우에도 어떤 식으로든 자본주의적 관계는 영향을 미친다. 결혼이나 연애, 우정도 자본주의 사회 안에서 개인이 차지하는 경제적 지위로부터 완전히 자유로울 수는 없기 때문이다. 계급을 초월한 사랑 이야기가 끊임없이 만들어지는 까닭이기도 하다.

정을 위한 준비, 소비 활동을 통한 노동력의 재생산 과정, 때로는 소비 활동 그 자체를 위한 준비에 걸리는 시간은, 자본의 인정을 받지 못하므로 돈으로 바뀌지 않는다. 통근 시간이 대표적이다. 지가 상승으로 말미암아 중심지의 작업장에서 멀리 떨어진 곳에 살 수밖에 없는 노동자들은 출퇴근에 많은 시간과 에너지를 들여야 하지만, 그 지출은 보상받지 못한다.

> 초장시간 노동에 시달리는 IT 노동자들이 출근 지하철에서 졸다가 내릴 역을 지나치는 일이 업계에서는 일상다반사라서인지, 어느 디자인 업체에서는 IT 노동자 전용 모자를 출시하기도 했다. 모자에는 "○○역에서 깨워 주세요."라고 쓰여 있다. IT 회사들이 많이 밀집해 있는 '구디단(구로디지털단지)'역, '가디단(가산디지털단지)'역, 판교역, 선릉역 등 네 가지 중 하나를 고를 수 있다.●

이 모자가 굳이 '실수요'를 반영한 것은 아니라 하더라도, 분명한 것은 장시간 노동에 지친 이들이 출근길 지하철에서 보내는 시간, 삶의 재생산에서는 중요한 요소인 그것이 자본에 의해서는 인정받지 못하는 시간이라는 사실, 그리고 그 시간은 때로 정신을 잃고 자기에도 바쁜 나쁜 품질의 시간이라는 사실이다. 영화 〈모던 타임즈〉에서 무의미하게 반복되는 노동이 그러하듯이, 여가라 불리는 시간도 '텅 빈 시간'으로 바뀔 가능

● 노동시간센터 기획, 전주희 외 지음, 《우리는 왜 이런 시간을 견디고 있는가》, 코난북스, 2015, 160쪽.

성이 있는 것이다. 이제 시간의 밀도는 노동시간뿐만 아니라 여가에도 적용된다.

프라이스리스: 여가의 기회비용

여기서 우리는 다시 개별과 보편의 문제, 혹은 구체와 추상의 문제로 돌아온다. 시장에서의 성공이 남들과 다름을 효과적으로 설득함으로써 도약하는 것이라면, 그것은 개별로부터 보편으로의 운동이다. 내 상품(그것이 일할 능력, 즉 노동력이라 해도 마찬가지다.)이 다른 상품들보다 얼마나 뛰어난 특질을 가지고 있는지 보일 수 있을 때, 나는 비로소 그 상품을 돈이라는 보편적인 것으로 바꿀 수 있다. 화폐가 물신이라는 점은, 때로는 거꾸로 돈과 바꿈으로써만, 즉 보편을 획득함으로써만 상품이 자신의 개별성을 입증할 수 있다는 사실로 나타난다. 그러므로 화폐를 획득하지 못하는 노동은 무의미한 노동이 되며, 무의미해 보이는 노동이라도 화폐와 교환되면 의미를 갖게 된다.

그러나 여가는 보편이 아니라 개별로 존재할 때 오히려 의미를 지닌다. 기쁨과 슬픔을 함께 나누기 어려운 사람과 보내는 시간은 소중한 여가로서 의미를 갖기 어렵다. 여가를 상품화할 때, 그 주체인 자본은 실은 극도로 표준화한 여가를 판매하면서도 개별을 강조한다. "돈으로 살 수 없는 가치가 있다. 살 수 있는 것은 마스터 카드로."라는 광고 카피는 개별적 경험으로서의 '프라이스리스Priceless'를 강조한다. "당신의 능력을 보여 주세요."라는 오래전 한국의 신용 카드 광고 카피는 그러므로 좀 더 즉자적이다.

값으로 나타낼 수 없을 만큼 소중한 의미를 지니는 삶의 시간이 지불 능력으로 치환될 때, 개별은 자본주의적 시장 메커니즘을 통해 보편으로 바뀐다. 일하지 않는 시간, 즉 삶의 시간을 돈 받고 팔 수 있는 시장은 어디에도 없다. 그러나 경제학 교과서에서는 여가의 잠재 가격을 기회비용이라는 개념으로 설명하려 든다. 여가를 얻는 대신 일을 했더라면 벌 수 있었을 소득이 바로 그 여가의 가격이다. 이렇게 '프라이스리스'는 당신이 시간당 얼마를 버는 능력을 가졌는지로 환원된다.

관리자의 연봉이 몇 백배 높은 이유

노동력을 하나의 상품으로 보면, 여기에도 가치 개념을 적용할 수 있다. 노동력의 가치는 필요노동, 즉 노동자 자신이 먹고살기 위해 필요한 상품을 만드는 데 들어간 노동에 대응된다. 그런데 노동자가 소비한 상품이 투입되면 모종의 가공을 거쳐 노동력이 산출된다고 보는 마르크스에 기인하는 은유는, 자칫 그 과정이 기계적이고 자동적으로 이루어진다는 환상을 불러일으킬 수 있다. 노동력은 인간이 지닌 능력이므로 인간의 삶 자체가 다양한 과정을 거쳐야 유지될 수 있다. 배움의 과정을 예로 들 수 있는데, 배움은 결코 자동적으로 이루어지지 않으며 누군가의 가르침, 그것을 얻기 위한 노력과 갈등이라는 복잡한 과정을 요구한다. 노동자로서의 실존적 성실, 즉 주어지는 과제를 묵묵히 수행하는 태도를 갖추기 위해서 때로는 정신 훈련, 그리고 그것을 뒷받침할 이데올로기가 필요하다.●

필요노동시간을 넘어서는 잉여노동시간으로 착취를 설명하면, 착취는 마치 어느 개인이 다른 개인의 노동시간을 뺏는 문제로만 보인다. 그렇지만 착취를 개인 대 개인의 문제로 환원하는 설명은 어림짐작에 의존하는 하나의 휴리스틱Heuristics 장치일 뿐이다. 개인이 따로 떨어져 생산하지는 않는다는 점, 그리고 무엇보다도 기업 내의 "'관계자 외 출입금지'라고 입구에 쓰인 은밀한 생산 장소"에서 각자의 노동에 대한 평가가 권력에 의해 이루어진다는 점이 간과되기 때문이다.

상품의 가치를 노동시간에서 찾는 노동가치론은 얼핏 생각하면 노동시간에 비례하는 가치를 지불하자고 주장하는 것으로 보인다. 각자가 기여한 노동만큼 대가를 지불해 주면 되는 것 아닐까? 그러나 노동과 기여의 대응이라는 원칙은 개인 수준에서는 깨지기 일쑤다. 노동과 기여의 대응 관계는 사회 전체 차원에서만 성립한다. 한편에 사회 전체의 총 노동량이 자리 잡고, 다른 한편에는 그 결과로서의 상품 총량, 엄밀하게 말하면 순생산물●●이 자리 잡는다. 순생산물은 가격으로 측정되므로, 우리는 노동 1시간이 평균적으로 얼마의 가격, 즉 화폐량에 대응되는가를 계산할 수 있다. 화폐로 표현되는 노동시간, 그 속에 노동시간의 정치경제학과 관

● 신입 사원 연수가 종종 해병대 체험 같은 극기 훈련으로 이어지는 까닭이다.

●● 경제 전체의 총생산물에서 그것을 생산하기 위해 필요한 생산물을 뺀 나머지를 순생산물이라 부른다.

련된 정보들이 담긴다.

프랑스의 마르크스 경제학자인 제라르 뒤메닐Gérard Duménil과 도미니크 레비Dominique Lévy는 자본가도 노동자도 아닌 관리자Cadre 계급이 등장함으로써 자본주의가 새로운 단계를 맞이했다고 주장한다.● 관리자는 자본가는 아니지만 노동자와 달리 "생각하고 의사를 결정하는" 기능을 맡는다. 이른바 신자유주의적 자본주의에서는 관리자 계급이 자본가 계급과 일종의 계급 동맹을 맺는다. 관리자에는 기업의 전문경영인뿐만 아니라 국가 기구의 관료 조직을 이끄는 고위 공무원, 지배 이데올로기의 생산을 담당하는 학계나 언론의 이데올로그 들도 포함된다. 바로 피케티가 슈퍼매니저Super-Manager라 부르는 이들이다. 슈퍼매니저가 얻는 막대한 소득은 그가 생산에 기여한 바, 즉 노동에 비례하지 않는다는 피케티의 지적은 그러므로 '노동과 기여의 대응'이라는 원칙이 현실에서 성립하지 않는다는 명백한 증거이기도 하다. 과연 신입 사원 연봉의 몇 백배에 이르는 관리자의 연봉은 그의 노동시간이 몇 백배의 가치를 갖기 때문에 주어지는 것일까? 현실은 오히려 그가 신입 사원의 몇 백배에 이르는 발언권을 가지고 있기 때문이라고 말해 준다.

그러나 조직 내 민주주의가 확보되지 못한 사회에서 관리자의 자율성은 착시 현상에 지나지 않을 수도 있다. 관리자가 오너의 말 한마디에 일자리를 잃고 오너의 생각에 맞춰 영혼을 버려야 하는 시스템이라면, 관

● 제라르 뒤메닐·도미니크 레비 지음, 김덕민 옮김, 《현대 마르크스주의 경제학》, 그린비, 2009.

리자는 그저 잉여노동의 일부를 떡고물로 나눠 먹는 상층부 노동자에 지나지 않을 수도 있는 것이다. 마치 나쁜 개인이 사라져도 나쁜 구조는 살아남아 여전히 현실을 지배하는 것처럼, 관리자 계급이 관리 시스템, 그 구조의 존재를 함축한다고 볼 수도 있다. 그렇다면 착취 문제는 다시금 민주주의 일반의 문제로 귀착된다.

삶 속으로 파고드는 자본의 시간

삶의 시간이 상품화하는 것과 동시에 노동시간이 삶의 시간 속으로 스며드는 현상도 일반화한다. 스마트폰 등의 발달은 그것을 가능하게 만든 기술적 기초다. 통근 시간 중에, 스타벅스에서, 그리고 집에서 쉬는 시간에조차 노동은 작업장의 경계를 벗어나 사회 전체로 확장된다.● 심지어는 노동력의 재생산에 필요한 소비 활동 속으로도 파고든다. 은행 업무 중에서 이윤 생산에 가장 도움이 덜 되는 노동, 예컨대 단순한 출납이나 이체 업무는 ATM 기기나 개인용 컴퓨터를 통해 소비자가 직접 수행하는 쪽으로 옮겨 간다. 때로는 흥미와 간편함, 때로는 수수료 절약 따위의 금전적 이득이라는 약간의 보상으로 사회 전체 노동량은 별로 줄어들지 않으면서 이윤은 늘어나는 변화가 일어난다.

● 안토니오 네그리(Antonio Negri)의 '사회적 공장(Social Factory)'이라는 개념이 이를 가리킨다.

그러나 삶 속으로 스며드는 자본의 시간은 양면성을 지닌 모호한 것이다. 스마트폰이 시간을 죽이는 장치라 비난하지만, 역으로 여가의 질을 평준화하는 장치일 수도 있다. 지극히 낮은 품질의 여가밖에 누릴 수 없는 이들에게 스마트폰은 적어도 남들처럼 여가를 보낼 수 있도록 하는 수단이다. 오히려 주목할 것은 텅 빈 시간으로서의 여가, 개별과 구체의 흔적이 지워지고 보편과 추상만 남은 세계로의 이동이다. 그것이 바로 우리가 목도하고 있는 현실이다.

8

삽질의 과학

시간을 둘러싼 싸움

놀부를 착취하는 흥부

이 세상에는 흥부와 놀부 두 사람만 있으며, 똑같이 쌀 1/2가마씩을 소유한다고 하자.● 요컨대 재산 불평등은 없다. 놀부는 매주 순생산물로 자기가 먹을 쌀 1가마만 얻으면 충분하다고 생각하는 반면, 흥부는 놀부와 시간선호가 달라서 첫째 주에는 일을 더 해서 쌀을 비축해 두고 둘째 주부터는 노동을 덜 하기를 원한다.《이솝 우화》의 이야기를 빌리면, 흥부는 개미에 가깝고 놀부는 베짱이에 가깝다.

이때 쌀을 생산하는 두 가지 기술이 있다고 하자. [기술 1]은 하루 동안 쌀 1가마를 들여 일하면 총 2가마의 쌀을 생산하도록 해 준다. 따라서 순생산물은 총생산량 2가마에서 투자량 1가마를 뺀 쌀 1가마다. [기술 2]는 아무런 자본 투입도 필요 없이 그저 노동만 3일 하면 1가마의 쌀을 생

● "무인도에 표류한 이에게 통조림은 있으나 따개가 없다. 만약 그(녀)의 직업이 경제학자라면, 여기 따개가 있다고 가정하자고 말할 것이다." 그만큼 경제학에서는 가정을 많이 한다는 점을 비꼰 유머다. 그러나 사정을 단순화한 모형을 만들어 일종의 사고실험(Thought Experiment)을 해 보는 것 자체를 배척할 필요는 없다. 한편, 본문의 숫자 예는 다음을 번안한 것이다. John E. Roemer, *Value, Exploitation and Class*, Harwood Academic Publishers, 1986, pp. 70~71. 뒤에 나오듯, 원래는 마르크스의 착취론을 비판하기 위해 사용된 예다.

산하도록 해 준다. 이 경우 쌀 1가마는 전부 순생산물이다.

<두 가지 기술>

	노동일	쌀 투입량	쌀 생산량
기술 1	1일	1가마	2가마
기술 2	3일	-	1가마

첫 일주일 동안 놀부는 [기술 1]에 노동 1/2일과 쌀 1/2가마를 투자하고 [기술 2]에 3/2일의 노동을 투하한다. 이렇게 총 2일에 걸쳐 노동한 결과 쌀 3/2가마를 얻는다. 그중에서 생산에 투자한 쌀 1/2가마를 빼면 순생산물은 쌀 1가마가 된다. 그런데 한 주를 살기 위해서는 쌀 1가마를 먹어야 하므로, 다음 주에도 여전히 1/2가마의 쌀을 가지고 생산에 참여한다.

<1주차 놀부의 투입-생산>

	노동일	쌀 투입량	총생산물	순생산물
기술 1	1/2일	1/2가마	1가마	1/2가마
기술 2	3/2일	-	1/2가마	1/2가마
합계	2일	1/2가마	3/2가마	1가마

반면 흥부는 [기술 1]에 노동 1/2일과 쌀 1/2가마를 투자하고 [기술 2]에는 9/2일의 노동을 투하함으로써 순생산물로 쌀 2가마를 얻는다. 그

중에서 1가마를 소비한 나머지 1가마가 다음 주를 시작할 때 흥부의 재산 목록에 추가된다. 즉, 흥부는 3/2가마의 쌀을 가지고 다음 주를 시작할 수 있다.

<1주차 흥부의 투입-생산>

	노동일	쌀 투입량	총생산물	순생산물
기술 1	1/2일	1/2가마	1가마	1/2가마
기술 2	9/2일	-	3/2가마	3/2가마
합계	5일	1/2가마	5/2가마	2가마

결국 시간선호의 차이로 말미암아 두 번째 주에는 재산의 분배가 불평등해졌다. 이제 흥부가 놀부를 고용함으로써 착취할 수 있는 가능성이 생긴다. 즉, 흥부가 일당으로 쌀 1/3가마를 지불하고 [기술 1]을 사용하여 놀부를 3/2일 동안 노동시키면● 쌀 3가마를 얻게 된다. 그 결과 흥부는 스스로는 하나도 일하지 않고도 순생산물로 쌀 1가마를 얻는다.

<2주차 흥부의 투입-생산: 놀부를 고용한 경우>

	노동일	쌀 투입량	총생산물	임금 지불	이윤
기술 1	놀부 3/2일	3/2가마	3가마	-	3/2가마
합계	흥부의 노동 0일	3/2가마	3가마	1/2가마	1가마

● 그러므로 놀부에게 지불하는 총 임금은 $\frac{1}{3} \times \frac{3}{2} = \frac{1}{2}$가마의 쌀이다.

한편 놀부는 자신이 갖고 있는 쌀 1/2가마를 스스로 [기술 1]에 투자함으로써 총생산물로 쌀 1가마를 얻는다. 투자량을 제하면 순생산물로 쌀 1/2가마를 얻는 것이다. 물론 이때 1/2일만큼을 추가로 노동한다. 결국 놀부는 총 2일 노동하여 임금으로 1/2가마, 자영을 통해 순생산물 1/2가마, 합계 1가마의 쌀을 얻게 되므로 첫째 주의 상황과 똑같다. 그러나 흥부는 스스로는 전혀 노동하지 않고 이윤으로 쌀 1가마를 얻었으므로 놀부를 착취한 셈이 된다.

\<2주차 놀부의 투입-생산: 흥부에게 고용된 경우\>

	노동일	쌀 투입량	순생산물
기술 1-흥부네	3/2일	-	1/2가마(흥부네서 받은 임금)
기술 1-놀부네	1/2일	1/2가마	1/2가마
합계	2일	1/2가마	1가마

앞의 예는 최초에 재산이 평등하게 분배된 상태에서도 흥부가 놀고 먹는 착취가 발생한다는 것을 보여 준다. 그 이유는 간단하다. 첫째 주에 놀부는 2일밖에 일하지 않았지만, 흥부는 5일이나 일했기 때문이다. 즉, 흥부는 개미고 놀부는 베짱이기 때문이다.

그런데 여기서 한 가지 질문을 던져 보자. 놀부의 상태는 과연 첫째 주나 둘째 주나 달라지지 않고 똑같기만 할까? 첫째 주에 그는 자신이 선택하여 2일만 일했다. 둘째 주에도 그는 여전히 2일만 일했지만, 그중에 3/2일은 흥부에게 고용되어 일했다. 남에게 고용되어 일하든 스스로 일하든 수입(쌀의 양)만 일정하다면 아무런 차이가 없는가? 자명하게도 대답은 '그렇지 않다.'이다. 다른 조건이 똑같다면, 남에게 고용되기보다는 스스로 일하고 그 결과를 자신이 얻는 상태가 더 낫다.

조금 더 기술적인 계산을 해 보자. 놀부는 최소한의 먹거리가 보장된다는 전제만 있다면, 설사 첫째 주에 버는 쌀의 양이 약간 적다고 하더라도 흥부에게 고용되기보다는 차라리 스스로 일하는 쪽을 선호할지도 모른다. 그렇다면 흥부는 둘째 주에 원래의 임금 1/2가마에다 이윤 1가마 중에서 0.1가마를 놀부에게 더 주어야 할지도 모른다. 물론 흥부는 그렇게 하더라도 전혀 일하지 않고 0.9가마의 이윤을 '착취'한다. 그 대신 놀부는 먹고사는 데 필요한 양보다는 조금 더 많은 1.1가마의 쌀을 임금으로 받는다.● 이는 착취 문제가 그리 간단하지만은 않음을 시사한다. 노동자가 자본에 고용되어 일하면 마르크스가 말하는 착취가 발생하지만, 그렇다고 해서 노동자가 얻는 쌀의 양(요컨대 생활수준)은 줄어들지 않으며 오히려 늘어날 수도 있다.

● 흥부가 놀부에게 반드시 0.1가마를 주어야 하는 것은 아니다. 더 적게 줄 수도 있고 어쩌면 더 많이 주어야 할지도 모른다. 요컨대 흥부의 교섭력에 따라 얼마를 더 주는가가 결정된다. 순수 경제적인 논리만으로는 그 크기를 정확하게 결정할 수 없다. '동등한 권리와 권리가 서로 맞서는' 상황이기 때문이다.

감정과 구조의 정치경제학

마음 맞는 사람과 보내는 시간은 그렇지 않은 사람과 보내는 시간에 비해 훨씬 덜 지루하게 느껴진다. 거꾸로 말하면, 내가 불편한 마음일 때 시간은 더디게 흐른다. 감정은 일상에서는 그렇게 중요하지만, 경제학에서는 진지한 태도로 다루어지지 않는 것이 보통이다. 그러나 다음과 같은 철학적 정의를 받아들인다면, 감정은 더 이상 변덕스러운 개인적 기질만을 가리키지 않게 된다.

> 감정은 (…)중요한 것들에 대한 판단을 수반한다. 즉, 우리 자신의 웰빙 (Well-Being)에 중대한 영향을 미치는 외적 대상을 평가하고, 우리가 충분히 통제할 수 없는 세상의 일부분 앞에서 우리의 부족과 불완전성을 인정하는 판단인 것이다. ●

그러므로 감정은 우리가 자신의 삶을 완전히 통제할 수 없도록 만드는 모종의 구조, 그 구조로 말미암은 변화를 우리 마음속에 새겨 넣는 방식이라 할 수 있다. 이렇게 감정과 구조의 연결 지점이 찾아진다.

경제 모형이 우리가 아는 현실로부터 멀어진 것은 쌀이니 뭐니 하는 단순한 가정들 때문이 아니다. 단편 소설이 삶의 한 단면을 포착하듯이 경

● Martha C. Nussbaum, *Upheavals of Thought: The Intelligence of Emotions*, Cambridge University Press, 2008, p.19.

제 모형도 분명히 존재하는 삶의 단면을 포착한다. 단편 소설이 부각하는 단면이 삶의 전부는 물론 아니지만 매우 중요한 부분일 때 의미를 지니듯, 경제 모형도 만든 이가 가장 중요하다고 생각하는 삶의 단면을 부각해야 한다. 흥부와 놀부의 예화는 각 개인이 지닌 시간선호, 일반적으로 말하면 삶에 대한 태도의 차이에 주목하고 있다. 객체의 조건이 똑같은 상태에서 차이가 발생하는 것은 주체가 서로 다르기 때문이다.

그런데 우리의 자발적 선택만으로는 남김없이 설명되지 못하는 모종의 구조, 그 어찌할 수 없는 구조에 얹히는 또 하나의 '구조'가 자본주의라는 입장에 설 때, 흥부와 놀부의 예화는 그 '구조'를 무시하거나 간과한다고 볼 수 있다. 단지 흥부와 놀부라는 주체의 시간선호에서 벗어나 그들 관계에서 발생하는 감정, 때로는 그 감정 때문에 만들어지기도 하고 때로는 그 감정을 만들어 내기도 하는 '구조'에 주목할 필요가 있다. 사실 이 예화가 다루지 않는 것은, 정확하게는 노동과정의 주도권 때문에 생겨나는 감정의 움직임이기도 하다.

삽질의 과학과 테일러주의

자본이 고용한 노동에서 노동시간의 양과 질을 결정하는 것은 기본적으로 대립과 투쟁의 과정이다. 노동시간을 절대적으로 연장하는 것, 노동시간은 일정하게 유지하면서도 노동강도를 강화하는 것, 그리고 현실에서는 노동강도 강화와 구분하기 어렵지만 '자투리 시간'을 줄임으로써 실제 노동시간을 늘리는 것*을 통해 자본가는 자신이 고용한 노동자의 시간을 양적으로나 질적으로 더 많이 가져가려 한다.

저 유명한 프레더릭 테일러Frederick Taylor의 '과학적 관리법'은 가장 단순해 보이는 삽질에조차 적용된다.

> 삽질에 내재된 과학의 본질을 찾고자 하는 지적인 독자가 있다면, 대략 15~20시간 동안만 생각해서 분석한다면 그 과학의 본질을 거의 확실하게 이해하게 될 것이다. (⋯)삽질을 하는 일류 노동자가 하루에 최대한 많은 일을 하기 위해서는 삽질 1회에 얼마나 많은 양을 퍼야 할까? (⋯)먼저 두세 명의 일류 삽질 노동자를 선발하여 성실하게 실험에 응한다는 조건으로 특별수당을 지급한 뒤, 점차 삽질량을 바꿔보았다. (⋯)실험 결과 일류 노동자가 삽질 한 번에 10킬로그램을 나를 때 하루에 가장 많은 일을 했다.**

테일러주의는 시간연구와 동작연구를 통해 주어진 시간에 가장 적은 에너지를 지출함으로써 최대의 작업 효과를 내는 방법을 찾아내려는 '과학'이다. 테일러주의가 경영학자들이 얘기하듯이 노동자에게도 복음이 되었는지, 아니면 "'과학적 관리'라는 이름 아래, 노동자의 숙련은 탈숙련

● 〈모던 타임즈〉의 찰리 채플린이 화장실에 들어갔다가 나올 때 근무 상황을 나타내는 펀치 카드를 꽂는 장면을 떠올려 보라.

●● 프레더릭 테일러 지음, 방영호 옮김,《과학적 관리법》, 21세기북스, 2010, 79~80쪽.

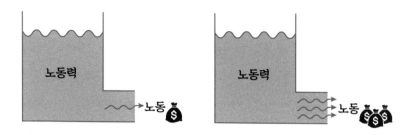

<그림 8.1> 삽질의 과학

노동력이라는 스톡에서 노동이라는 플로우를 가능한 많이 뽑아내는 것이야말로 자본주의적 노동과정의 핵심 이슈다. 최소한의 에너지를 들여 최대한의 작업 효과를 내려는 '과학'인 '테일러주의'는 이 사명에 철저히 복무하며 가장 단순해 보이는 삽질에까지 과학적 관리법을 적용한다.

화했고 노동과정에서의 구상과 실행을 철저히 분리"●했는지는 여전히 논쟁 중이다.

테일러주의가 확산될수록 노동시간의 통제권이 노동자에게서 점점 더 멀어진다는 점은 확실하다. 노동시간의 양과 질을 둘러싼 싸움은 그러므로 그저 받은 돈에 비해 좀 더 널널하게 일하고 싶은 인간의 본능으로만 설명되지는 않으며 '시간주권'을 잃지 않으려는 투쟁인 것이다.●● 자본의 시간과 노동의 시간의 대립, 그것은 테일러주의적 동작연구의 체크리스트가 노동건강 체크리스트와 유사한 항목으로 구성된다는 점에서 집

● 강수돌,《자본주의와 노사관계》, 한울, 2014, 102쪽.

●● 시간통제권을 상실한 노동이 얼마나 비극적인 결과를 초래하는지는 2005년 일본 JR철도 탈선 사고를 보면 알 수 있다. 초보 기관사는 자신의 실수로 열차 운행 시간이 지연되자 지나친 가속 끝에 커다란 인명 사고를 내고 말았다.

약적으로 드러난다.●

스톡과 플로우의 비유로 돌아가 보자. 노동력이라는 스톡에서 노동
이라는 플로우를 가능한 많이 뽑아내는 것이야말로 자본주의적 노동과정
의 핵심 이슈다. 지출된 플로우에 정확하게 비례하여 보상이 주어진다는
생각은 (그것이 사실인지 여부와 무관하게) 노동력이 다른 상품과 마찬가지로
성과주의적으로 통제 가능한 것이라는 환상을 만들어 낸다. 이른바 신자
유주의적 유연성을 갖춘 고용은 이러한 환상의 결과인 동시에 그 환상을
강화하는 현실이기도 하다.

노동생산성이라는 마법

양적으로나 질적으로나 노동시간을 늘리려는 싸움 없이도, 노동생산
성의 향상은 자본이 더 많은 노동시간을 가져갈 수 있도록 만든다. 노동이
'생산적'일수록 상품을 만드는 데 필요한 노동시간은 줄어든다. 그러므로
똑같은 양의 노동을 해도 필요노동시간, 즉 노동자들이 먹고사는 데 필요
한 상품을 만들기 위한 노동시간은 줄어들고, 그 외 노동시간인 잉여노동
시간은 늘어난다.

● 테일러의 제자인 프랭크 길브레스(Frank Gilbreth)는 인간의 노동을 20여 개의 기본 요소
동작으로 분해하여 일람표를 만들었다. 이진경, 《근대적 시·공간의 탄생》, 푸른숲, 1997, 130쪽.
이를 좀 더 세밀하게 발전시키면 각 동작이 노동자의 신체에 미치는 영향을 확인하는 목록을 만
들 수도 있다.

그러므로 착취 그 자체가 생활수준 향상을 의미할 수도 있다는 앞의 주장은, 노동생산성 증가로 말미암아 착취 정도가 늘어나는 동시에 소비 수준은 증가하는 것이 양립 가능하다는 점에서 더욱 강력해진다. 알기 쉬운 예를 들자면, 누구나 스마트폰을 가질 수 있게 된 것은 소득수준이 증가했기 때문이기도 하지만 스마트폰의 가치가 극적으로 감소하고 있기 때문이기도 하다. 그러므로 스마트폰이나 다른 새로운 상품을 소비할 수 있게 되었다고 해서 반드시 착취 정도가 줄어들었다고 볼 수는 없다.

그러나 노동생산성의 증가는 대부분 노동시간의 양적·질적 증가와 결합되어 나타난다. 〈모던 타임즈〉의 노동은 단순히 노동강도의 강화만이 아니라 컨베이어 벨트의 도입이라는 새로운 기술 발전을 전제한다. 기술 조건의 변화로 말미암아 노동의 "구멍Pore"이 줄어든다는 주장●은 현실적으로 일리가 있다. 노동의 양과 질의 증대를 명확하게 구분하려는 시도는 많은 경우 무의미해진다.

그런데 '삽질의 과학'이 노동생산성을 향상시킴으로써 노사 모두에게 복음이 된다면, 노동생산성은 어떻게 잴 수 있을까?

$$부가가치생산성 = \frac{부가가치생산액}{노동시간}$$

● Mavroudeas, S. and A. Ioannides, "Duration, Intensity and Productivity of Labour and the Distinction between Absolute and Relative Surplus-value", *Review of Political Economy*, 23(3), 2011, pp.421~437.

가장 흔한 방식은 부가가치생산성으로 재는 것이다. 분모에는 노동자들의 노동시간을, 분자에는 부가가치생산액을 두는 분수값이다. 그러나 부가가치생산성의 향상이 진정한 의미의 노동생산성 향상인지는 생각해 볼 여지가 있다. 만약 어떤 산업에서 직접노동량은 감소했다 하더라도 기계 등의 사용으로 간접노동량이 그것을 상쇄하고도 남을 정도로 증가했다면, 사회 전체의 노동 배분이라는 관점에서 해당 산업의 노동생산성이 향상되었다고 말하는 것은 적절치 않다.•

만약 어떤 작업장의 성과를 부가가치생산성으로 평가한다면, 해당 작업장에서는 직접노동 대신 간접노동을 늘리려는 유인을 갖게 되고 사회 전체적으로는 비효율을 초래할 것이다. 종종 '구조조정'이 인력 감축과 동의어가 되는 까닭이 여기에 있다. 안전을 위해 기관사 두 명이 탑승하던 열차에 기관사 한 명만 배치하면, 그 자체만으로도 부가가치생산성은 두 배가 뛰어오르기 때문이다.

이 문제는 사회주의를 표방한 소련에서 매우 현실적인 문제였다. 자본가 계급을 철폐하고 노동자 계급에게 성과를 온전히 돌려준다고 선언할 때, 그 성과가 만약 부가가치생산성 개념으로 측정된다면, 노동자들은 가능하면 인력을 줄이면서 생산 설비를 과다하게 요구할 것이다. 이른바 '노동자 계급의 사회'에서 신자유주의적 구조조정과 유사한 결과가 초래될 수도 있다는 역설이 존재한 셈이다.

그러므로 사회 전체의 노동 배분 관점이 아닌, 어느 특정 산업이나 작

• 泉弘志, 《投下労働量計算と基本経済指標》, 大月書店, 2014, 20~21쪽.

업장에서의 노동생산성 개념에는 주의할 요소들이 잔뜩 숨어 있다. 바로 여기가 어설픈 성과측정제가 문제를 불러일으키는 지점이기도 하다. 사회 전체가 만들어 내는 순생산물의 양을 천칭의 한편에 두고 그 반대편에 그것을 만드는 데 필요한 노동시간의 총량을 둔다면, 노동량 축소는 우리가 휴머니즘의 관점에 설 때 지향할 목표가 될 것이다. 노동가치론이 규범적 의미를 가질 수 있는 것은 바로 이러한 맥락에서다. 자본의 시간과 사회의 시간 사이의 대립은 이렇게 모습을 드러낸다.

9

메타포의 세계

자본의 시간 vs. 사회의 시간

《기사단장 죽이기》와 이중의 메타포

　무라카미 하루키村上春樹의 소설 《기사단장 죽이기》는 현실과 공상의 경계를 제멋대로 넘나든다. 주인공 '나'는 행방불명된 소녀를 구하기 위해 영문도 모른 채 지하 세계로 들어가 어둠으로 가득한 곳에서 며칠을 헤매고 다닌다. 일종의 공상과학소설이니 현실성을 논하는 일은 무의미하겠으나, 주인공이 찬 손목시계의 시간은 그의 시간 감각에 비해 엄청나게 빨리 가다가 심지어는 뒤로 가기도 한다.

> 도대체 시간이란 무엇인가? 나는 그렇게 스스로에게 물어보았다. 우리는 편의상 시곗바늘로 시간의 흐름을 잰다. 그러나 그것은 정말로 적절한 것일까? 시간은 실제로 그렇게 규칙적으로 일정한 방향으로 흘러가고 있는 것일까? 우리는 어쩌면 큰 착각을 하고 있는 것은 아닐까?●

　흥미로운 것은 바로 그 어둠의 세상이 '메타포Metaphor'라는 이름을 가지고 있다는 점이다. 사실에 기초하면서도 거기서 벗어나는 허구, 혹은

●　村上春樹,《騎士団長殺し: 第2部 遷ろうメタファ編》, 新潮社, 2017, pp.387~388.

역으로 사실이 아니면서도 끊임없이 사실에 준거를 두는 허구라는 점에서 모든 소설은 기본적으로 메타포인 셈이다.

카페에 마주 앉아 싸우는 연인의 행동과 언어를 조심스럽게 관찰한 다음, 그들이 싸우는 까닭, 그리고 그 싸움이 앞으로 어떻게 전개될지를 예측하고 허구의 살을 붙여 이야기를 만들면 한 편의 단편 소설이 될지도 모른다. 젊은 연인의 티격태격이 너무 가벼운 이야깃거리로 보인다면, 1980년 5월 광주의 시간, 그곳에서 있었던 사건을 다루는 것은 어떠한가? 우리에게 알려진 몇 가지 사실들, 남아 있는 기록과 엇갈리는 증언, 처참한 사진과 영상, 그것들을 하나의 이야기로 꾸려 내는 것, 바로 광주라는 시공간을 다룬 소설일 것이다.

그런데 우리는 여기서 사회과학자의 작업이 소설가의 작업과 놀라울 정도로 닮아 있음을 발견한다.● 사회과학자는 자신이 연구 주제로 삼은 분과(경제학이라면 경제, 정치학이라면 정치)의 현실을 주의 깊게 관찰하고 묘사한 다음, 그것으로부터 이야기Narrative를 만들어 낸다. 그 이야기는 현실에 기초하면서도 특정한 이론적 틀을 제시하거나 때로는 그 틀에 맞춰 다시 현실을 설명한다는 점에서 현실을 벗어난다. 그러므로 사회과학도 어떤 의미에서는 메타포라 할 수 있다.

총체적인 삶의 현실을 A라 하고, 그에 대한 우리의 느낌이나 생각을

● 한강의 《소년이 온다》(창비, 2014)는 최정운의 《오월의 사회과학》(풀빛, 1999)의 소설 버전이며, 후자는 전자의 정치학 버전이라 할 수 있다. 소설가 한강은 정치학자가 수행한 작업과 똑같이 과거의 기록을 뒤지고 증언을 들으며 분석한다.

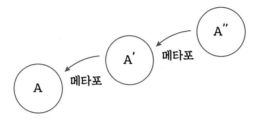

<그림 9.1> 이중의 메타포

총체적인 삶의 현실을 A라 하고, 그에 대한 우리의 느낌이나 생각을 A′이라 하자. A′을 나타내기 위해 그와 비슷한 A″을 이용할 때 우리는 그것을 메타포라 부른다. 자주 A″은 A′에 영향을 미침으로써 A′ 자체를 만들어 낸다. A′은 다시 A를 변형하거나 왜곡한다.

A′이라 한다면, 메타포는 A″으로 A′을 나타내는 행위다. A″이 메타포인 까닭은 그것이 어차피 A′을 완전하게 묘사하지 못하기 때문이다. 그러나 A′도 A의 불충분한 재현일 터이니, A″은 A와 A′을 불완전하게 드러낼 뿐이다.● 그리고 매우 자주 A″은 A′에 영향을 미침으로써 A′ 자체를 만들어 내며, 다시 A′은 A를 변형하거나 왜곡한다. 모든 것을 시장의 자유로운 작동으로 설명하려는 것이 우파 버전의 이중의 메타포라면, 언제 어디서나 계급투쟁을 찾아내려는 것은 좌파 버전의 이중의 메타포다. 그러므로 '어느 메타포가 우월한지 어떻게 결정할 수 있는가?'라는 물음은 매우 중요하지만, 그 결정은 종종 힘에 의해 이루어진다는 대답으로 일단 만족하기로 하자.

● 《기사단장 죽이기》의 주인공은 메타포의 세계에서 자칫하면 '이중의 메타포' 때문에 길을 잃을 수도 있다는 경고를 받는다. 어쩌면 사회과학은 그 자체로 이중의 메타포일지 모른다.

《기사단장 죽이기》의 독백처럼, 시간이 일정한 방향을 따라 규칙적으로 흘러간다는 메타포는 삶의 현실에 대한 묘사이면서 동시에 삶의 현실을 그렇게 이해하도록 만드는 설명의 틀로서 작용한다. 시간은 시곗바늘처럼 규칙적이고 일정하게 흘러간다는 것, 그리하여 각 구성 부분은 전체 속에서 모두 동등한 지위를 차지한다는 것, 시간은 완전히 동질적이고 따라서 가분성을 갖는다는 것이다.

자본이 인정하는 시간

'시간은 돈이다.'라는 메타포는 가분성에 기초한 시간 개념을 스스로 강화한다. 그것은 메타포이자 현실이기도 하다. 돈을 벌기 위해서는 일을 해야 하므로 돈은 일(노동)이며, 그 결과 시간은 노동이라는 또 다른 메타포가 성립한다. 폴란드 경제학자 미할 칼레츠키Michal Kalecki는 자본주의 사회에서 자본이 성장을 희생해서라도 노동자들에게 "이마에 땀 흘려 양식을 취하리라."는 교훈을 가르치려고 한다는 점을 강조했다.● 시간-돈-노동 사이에 성립하는 관계는 마치 하루키의 소설에서 말하는 이중의 메타포처럼 보인다.

상품은 돈을 받고 팔림으로써, 다시 말해 화폐라는 보편을 획득함으로써만 자신의 개별성을 입증할 수 있다. 이렇게 화폐의 물신은 이제 자본

● Michal Kalecki, "Political Aspects of Full Employment", *Political Quarterly*, 1943.

의 물신으로 발전한다. 자본이 인정하는 시간, 자본과 함께하는 시간은 가치 있는 것으로 받아들여진다. 그것은 다름 아닌 권력의 시간이기 때문이다. 불법을 저지른 재벌 오너는 감옥에 갇혀 있는 동안에도 천문학적 연봉을 당당하게 수령한다. 권력자와 함께하는 시간은 가치 있는 시간이며, 권력자의 눈도장을 받지 못한 시간은 무의미하다. "회장님은 옥중에서도 매일 결재하신다."라는 그룹 홍보실의 보도 자료는 그러므로 권력자의 시간에 덧붙여진 비루한 사족일 따름이다. 어쩌면 성과주의의 핵심은 '성과에 따라 보상받는다.'라는 원칙보다는 오히려 그것이 뒤집어진 형태, 즉 '보상받는 것은 그만한 성과가 있기 때문임에 틀림없다.'라는 원칙에 있는지도 모른다. 인과 관계의 뒤집어짐, 그 속에서 모호해지는 인과 관계, 그것이 바로 물신이다.

자본이 인정하는 시간 중에서 주목할 만한 것이 유통의 시간이다. 마르크스 경제학과 주류 경제학이 화해할 수 없이 갈라지는 지점이 바로 이곳이다. 마르크스 이래 마르크스 경제학자들이 확고부동하게 견지하는 주장을 다음과 같이 요약할 수 있다.

상품의 매매에 종사하는 활동 및 상업 활동에 고용되는 노동자의 노동은 상품 매매에 따라오는 부기 및 화폐(그리고 화폐취급비용)와 더불어 순수한 유통비용을 이룬다. 그 노동비용은 상품의 매매에 수반되는 형태 변환을 매개하는 것에 머무는 한, 상품의 가치를 창조하는 것일 수 없다. 따라서 그 노동비용은 생산과정에서 산출되는 잉여가치로부터 공제되어 지탱되어야 하는 사회적 공비(Faux Frais)를 이룬다. ●

단지 상품의 형태를 바꾸는 데만 필요할 뿐, 새로운 사용가치도, 따라서 가치도 만들어 내지 않는 활동이 유통이다. 예의 '객체'에 초점을 맞추는 관점에서 사회적 공비空費는 그야말로 잘못된 비용에 지나지 않는다.

그렇지만 만약 사회적 공비에 대해 소비자가 기꺼이 비용을 지불하려 든다고 생각하면 어떨까? 그렇게 '주체'의 만족에 초점을 맞추면, 이 세상에 '허튼 비용'은 하나도 존재하지 않게 된다. "칼을 녹여 쟁기를, 창을 녹여 낫을 만든다."라는 〈미가서〉의 내용은 경제학적으로 아무런 의미를 갖지 않는 셈이다.

현대 자본주의를 살고 있는 우리에게 더욱 현실적으로 와닿는 것은 광고나 마케팅의 시간이다. 광고나 마케팅을 많이 한다고 해서 사회 전체의 노동이 만들어 내는 순생산물을 증가시킬 리는 없기 때문이다. 비생산적 부분이 경제적 잉여를 흡수함으로써 자본주의가 생명을 유지한다는 (혹은 반대로 자본주의의 '나쁜' 특성이 커진다는) 마르크스 경제학의 표준적인 주장은 여기서 나온다. 이러한 관점에서는 그 비생산적 분야가 광고이건 군수 산업이건 금융 투기이건 본질적으로는 서로 다르지 않다.

유통의 시간에 적용되는 원리를 확장하면, 자본은 그저 존재하는 것만으로도 가치를 갖는다. 이제 일정한 크기의 자본은 시간이 지남에 따라 그에 대응하는 이자를 얻어 마땅하다고 여겨진다. 그것이 자본의 관점을

● 伊藤誠, 《資本論を読む》, 282쪽. 노동자 자신이 먹고살기 위해 필요한 상품을 만드는 데 들어간 노동을 필요노동이라 부르고, 그것을 초과하는 노동을 잉여노동이라 부른다. 잉여노동에 대응하는 가치가 잉여가치이며, 마르크스 경제학자들은 이를 자본주의적 이윤의 본질로 간주한다. 즉, 자본주의 경제에서 이윤은 노동자들의 잉여노동(잉여가치)을 착취하는 데에서 나온다.

옹호하는 메타포라면, 이중의 메타포인 경제학이 이윤과 이자를 구분하지 않는 점은 어쩌면 당연하다. 모든 사람은 토지에 대한 권리를 평등하게 갖는다는 이른바 지공주의地公主義의 주창자로 유명한 헨리 조지Henry George는 다음과 같이 날카롭게 비판한다.

> 경제학자들은 이윤이 기업 관리에 대한 임금, 보험, 이자로 구성된다고 하면서도 일반적인 이윤율을 결정하는 원인으로는 이윤 중 이자에 해당하는 부분에 영향을 주는 요소만을 든다. 또 이자율에 대해서는 수요와 공급이라는 무의미한 도식을 제시하거나 위험 부담에 대한 보상에 영향을 주는 원인에 대해서 설명할 뿐이다. 즉, 스스로 정의한 경제학적 의미로 사용하지 않고 일상적인 의미로 사용한다는 것이다.●

이자와 이윤이 혼동되는 것은 이윤의 발생을 '시간선호'로부터 찾아내려는 시도와 관련이 있다. 누구나 현재에 돈을 갖는 것을 미래에 갖는 것보다는 좋아하지만, 그것을 참고 견딜 의지가 있는 이들에게만 이윤이 주어지는 것이다. 개미와 베짱이의 우화가 들려주는 익숙한 교훈이기도 하다.

● 헨리 조지 지음, 김윤상 옮김,《진보와 빈곤》, 비봉출판사, 2016, 174쪽.

시간주권의 회복을 위하여

시간의 가분성이라는 메타포는 시간주권의 장악을 둘러싼 자본과 노동의 대립에서 핵심 역할을 수행한다. 마치 초등학생 시절의 여름 방학 생활계획표와도 같이 시간, 그리고 그에 대응되는 업무를 원하는 대로 몇 개로든 쪼갤 수 있다는 관념은 노동자의 시간주권 속으로 안개처럼 스며들어 자본의 무기가 된다. 자투리 시간을 줄임으로써 노동생산성이 증가한다는 메타포,• 나아가 노동의 처음 한 시간과 마지막 한 시간이 질적으로 완전히 같은 것이라는 메타포 등이 그러하다.

실리콘 밸리 어디쯤에 있다는, 일하다 지치면 회사 안 풀장에서 수영하고, 아이들이 뛰노는 놀이방에 들러 시간을 보내다가 일로 돌아오는, 자유로운 작업장의 이미지는 많은 노동자에게 꿈일 뿐이다. 시간의 착취가 문제시되는 현실에서 핵심은 회사 안에 딸린 풀장이나 와인 바가 아니라, 시간의 사용 권한을 누가 갖느냐에 있다. 극한의 경쟁에 내몰린 영세 자영업자는 그 누구에게도 고용되지 아니하며 심지어는 아르바이트 노동자를 고용하기도 하지만 결코 시간주권을 갖지 못한다. 획기적인 노동시간 단축으로 언론의 긍정적 평가를 받은 기업에서도 내부자들 사이에서는 다른 목소리가 나오기도 한다. 요컨대 시간주권은 '내 삶의 시간을 어떻게 설계하고 사용할지를 스스로 결정할 권리'를 가리키며, '노동시간의 길이, 강도나 방식 등에 대한 결정권이나 조절권이 없이 주어진 명령과 지시

● 이 책의 〈5장 프로페셔널의 조건?〉을 참고하라.

에 복종하기만 하는 삶'에서 벗어날 것을 요구한다.●

그러므로 시간주권은 무엇보다도 먼저 시간-노동의 메타포를 깰 것을 요구한다. 즉, 노동시간이 아니라 '노동자 시간Worker Time'인 것이다.

> 생산 논리에 따라 노동시간이 결정되고 나머지 시간(비노동시간)을 노동자들이 자신의 필요에 따라 여가·가정·사회생활 등에 분배하는 방식이 아니라, 후자에 대한 노동자들의 필요와 선호에 따라 노동시간이 조정되어야 한다는 것이다. 요컨대 노동시간은 독립 변수가 아니라 노동자의 시간 계획의 종속 변수가 되어야 한다는 것이다. 물론 이러한 변화는 노동은 곧 지불 노동이라는 관념에서 벗어나는 것을 전제로 한다.●●

예를 들어 부동산 가격이 싼 변두리에서 시내 중심지의 일터로 통근하는 데 걸리는 시간은 '비노동시간'으로 간주되지만, 실은 삶의 시간을 갉아 먹는다. 마치 급여 명세서에 찍힌 월급 총액(소득)과 각종 세금 등을 공제한 실수령액(가처분 소득)이 다른 것처럼, 비노동시간과 가처분 비노동시간은 달라진다. 노동력의 정상적 재생산을 확보하는 것이 자본주의 국가의 중요한 기능이라면, 가처분 시간의 현격한 불평등을 보정해 달라는 요구는 결코 유토피아적 상상만은 아닐 것이다.

● 강수돌,《자본주의와 노사관계》, 156~157쪽.

●● 이상헌, 〈노동시간의 정치경제학〉,《현대 마르크스경제학의 쟁점들》, 서울대학교 출판부, 2002, 282쪽.

자본의 시간과 사회의 시간은 다르게 흐른다

여기서 드는 의문! 그렇다면 시간주권을 노동자에게 온전히 넘겨주면 자본(가)은 어쩌란 말인가? 당연하게도 그 순간 자본은 스스로 자본이기를 멈춘다. 물론 순진한 급진주의자들의 바람과는 달리, 그렇다고 해서 곧바로 시간주권이 충만한 낙원이 도래하지는 않을 것이다. 그렇지만 상품이라는 객체의 생산이 결국 노동자라는 주체를 구성한다는 것, 그 과정에서 시간주권이 핵심적인 문제라는 것, 바로 경제학이 주목해야 하는 지점이다.

기술 혁신 또한 '자본이 인정하는 시간'이라는 논리를 벗어나지 못한다. 고전적인 통찰은 다시 마르크스에게서 나온다.

> 따라서 자본에 대해서는 노동생산성 증가의 법칙이 무조건적으로 타당한 것은 아니다. 자본에 대해서는 노동생산성이 증가하는 것은 [살아 있는 노동 일반의 절약이 과거 노동의 추가보다 큰 경우가 아니라] 살아 있는 노동의 지불 부분의 절약이 과거 노동의 추가보다 큰 경우뿐인데 (…)이 점에서 자본주의 생산양식은 하나의 새로운 모순에 빠진다. 왜냐하면 이 생산양식의 역사적 사명은 인간 노동의 생산성을 무자비하게 기하급수적으로 증대시키는 것인데, 여기서 본 것처럼 이 생산양식이 생산성의 발달을 저해하기 시작함으로써 자기의 사명에 충실하지 못한 것으로 되기 때문이다. ●

● 카를 마르크스 지음, 김수행 옮김, 《자본론 Ⅲ-상》, 비봉출판사, 2015, 328쪽.

다시금 노동생산성을 어떻게 정의하고 측정할 것인가라는 문제가 제기되지만, 일단 이를 제쳐 두더라도, 자본의 논리가 노동시간의 절약이 아니라 화폐의 절약에 있다는 깨달음은 중요하다. 맥락은 약간 다르지만, 기계의 발명이 노동을 절약하는 것이 아니라 오히려 그것을 연장하고 강화한 역설이 떠오른다. 마르크스의 말처럼 '기계의 사용'과 '기계의 자본주의적 사용'은 달라진다는 것이다. 노동력은 잠을 자야 하지만 기계는 그렇지 않다. 기계는 가동하지 않는 시간에도 '기회비용'을 발생시키므로 쉽게 내버려 두면 손실이 된다. 해서 노동의 시간은 기계의 시간에 맞춰진다. 스마트폰과 인터넷으로 연결된 촘촘한 네트워크는 삶의 시간을 자본의 시간 속으로 끌어들임으로써 가처분 비노동시간을 줄인다.

말하자면 자본의 시간과 사회의 시간은 달리 흐르는 것이다. 서로 다르게 흘러가는 두 가지 시간을 분석하기 위해 우리는 기술 혁신과 시간의 관계를 살펴보아야 한다. 기술의 끊임없는 발전이야말로 노동시간의 사회적 배분을 잠시도 제자리에 머물지 못하도록 교란하는 요인이기 때문이다.

10

굳어진 시간에서
흐르는 시간으로

자본의 변태

마르크스의 자본 vs. 피케티의 자본

마르크스가 죽은 뒤에야 출간된《자본론》제2권의 제1편 제목은 '자본의 변태와 순환Die Metamorphosen des Kapitals und ihr Kreislauf'이다. 또 있다. 피케티의《21세기 자본》에도 마르크스 경제학자들의 글이 아니면 쉽게 찾아볼 수 없는 '변태Metamorphosis'라는 용어가 등장한다. 바로 제3장의 제목이 '자본의 변태Les métamorphoses du capital'이다. 변태는 이를테면 번데기가 나비로 탈바꿈하는 과정이다. 마르크스와 피케티는 왜 경제학에 '변태'라는 생물학적 은유를 끌어들였을까?

먼저 피케티를 보자. 좌우를 막론하고 대부분의 경제학에서 자본은 생산에 투자된 자산을 가리킨다.● 그런데 피케티는 시장에서 거래 가능한 모든 자산을 자본으로 간주한다.

이 책에서 자본은 시장에서 소유되고 교환될 수 있는 비인적 자산의 합계

● 물론 마르크스는 자본이 사회적 관계라는 점을 되풀이하여 강조하지만, 그것은 가령 노예제 사회에 함부로 자본주의적 개념을 적용해서는 안 됨을 경고하는 역사철학적 관점의 표명이다. 돈이나 생산설비가 모여 있다고 해서 곧바로 자본인 것은 아니며, 자본-임금노동 관계가 갖춰질 때에만 자본이 된다는 뜻이다.

로 정의된다. 자본은 기업과 정부 기관이 사용하는 금융적 및 전문적 자본(공장, 인프라스트럭처, 기계, 특허 등)은 물론 모든 형태의 부동산 소유(주거용 부동산 포함)를 포함한다.●

피케티가 주거용 부동산까지 자본으로 포함시키는 까닭은, 생산시설에 투자된 돈이건 아니건 간에 언제든지 필요에 따라 서로의 경계를 넘나들 수 있다는 점을 강조하기 위한 것으로 보인다. 그 물질적 형태가 피카소의 그림이건, 초고층 주상 복합 아파트이건, 이른바 비업무용 토지이건 간에, 유사시에는 생산에 투자되는 돈으로 탈바꿈할 수 있다는 의미에서 '자본의 변태'라는 은유가 작동한다.

자본가의 머릿속에서는 수익이 공장에서 나오든 부동산 투기에서 나오든 질적으로 구분되지 않으며, 자신이 들인 밑천 전체에 대한 비율, 즉 수익률에만 의미가 부여된다. 피케티는 마르크스 경제학자가 아니므로 자본가라는 용어를 사용하지 않는다. 그렇지만 피케티가 말하는 의미에서의 '변태'를 자유로이 실행할 수 있는 주체일수록 마르크스적 의미의 자본가에 가까워짐을 쉽게 짐작할 수 있다. 혹은 자본(가)의 본질적 속성은 '변태'에 있는 셈이다.

한편 마르크스는 자본이 돈(화폐)에서 생산요소로, 다시 생산요소에서 생산물로 바뀌어 가는 과정을 '변태'라고 한다.

● Thomas Piketty, *Capital in the Twenty-First Century*, The Belknap Press of Harvard University Press, 2014, p.63.

자본은 무엇보다도 일정한 크기를 넘어 시장에서 힘을 발휘할 수 있는 돈을 가리킨다. 1억 원이 100억 원의 1/100의 힘을 가지지 못한다는 것, 요컨대 1억 원으로 할 수 있는 일과 100억 원으로 할 수 있는 일에는 질적인 차이가 있다는 것, 그러므로 자본으로서 기능하기 위한 최소자금 규모가 있다는 것은 생활인이라면 누구나 직관적으로 깨닫는 사실이다.● 이를 화폐자본, 정확하게는 화폐의 형태를 띤 자본이라 부른다.

이제 자본은 생산에 필요한 설비나 재료를 구입하고 노동력을 고용함으로써 생산자본으로 탈바꿈한다. 경제학 교과서에서 생산요소라 부르는 것들이다. 이 생산요소들도 결국 시장에서 구입해야 하는 상품이다. 그러므로 생산과정 안에 들어가 있는 자본은 구입된 상품의 형태를 갖는다.

마지막으로 생산요소의 결합을 통해 만들어진 생산물은 다시 자본이 취하는 새로운 형태가 된다. 이 생산물은 시장에서 팔려야 하므로 비록 생산요소와 물적 형태는 다르지만, 범주로는 같은 상품에 속한다.

자본의 순환: 자본은 어떻게 미술품으로 탈바꿈하는가

마르크스가 생각한 자본의 순환을 그림으로 나타내면 〈그림 10.1〉과 같다. 자본은 처음에 화폐였다가 상품(생산요소)으로 바뀐 다음, 생산과정을 거쳐 새로운 상품으로 탈바꿈하고, 마침내는 판매를 통해 원래 형태인

● 돈의 가분성은 적어도 그것이 자본으로서 기능할 때는 성립하지 않는다.

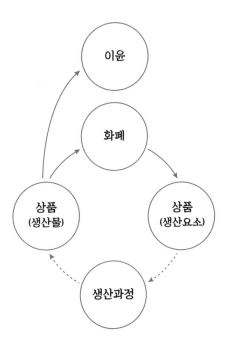

<그림 10.1> 자본의 순환

시장과 기업 내부에서 일어나는 자본의 순환 과정이다. 순환의 시작점을 어디로 잡느냐에 따라 화폐자본의 순환, 생산자본의 순환, 상품자본의 순환으로 나누어 볼 수 있다.

돈으로 돌아온다. 변태를 거친 자본이 출발점인 화폐의 형태로 돌아올 때 자본의 순환은 1회전을 마친다. 〈그림 10.1〉에서 점선 부분은 기업 내부에서 이루어지는 과정이라는 점에서, 시장에서 일어나는 과정을 나타낸 실선 부분과는 성격이 다르다. "기업은 시장이라는 바다 위에 떠 있는 섬이다."라는 코즈의 명제를 떠올리자면, 점선은 바다가 아니라 섬 안에 있음을 나타낸다.

그런데 자본은 끝없이 순환하는 운동을 한다. 한 번의 회전을 마친 자본은 그 자리에 머물지 않고 다시 새로운 회전을 시작한다. 그렇다면 〈그림 10.1〉에서 출발점과 도착점을 어디로 잡는가에 따라, 화폐자본의 순환, 생산자본의 순환, 상품자본의 순환이라는 세 가지를 생각해 볼 수 있다. 맨 위의 화폐에서 출발하여 다시 화폐로 돌아오는 과정으로 보면 화폐자본의 순환이지만, 맨 아래의 생산과정에서 출발하여 다시 생산과정으로 돌아오는 것으로 보면 생산자본의 순환이 된다. 마찬가지로 오른쪽의 상품을 출발점이자 도착점으로 보면 상품자본의 순환이 된다. 이를 각각 경리부장, 공장장, 영업부장의 관점● 혹은 재무관리, 생산관리, 마케팅이라는 경영학 분류에 비유할 수도 있다.

예를 들어 우리는 경제성장이라는 말을 들으면, 소비할 수 있는 상품이 많아지는 상황을 머릿속에 떠올린다. 스미스가 《국부론》의 첫머리에서 국부National Wealth를 "그 나라 국민이 소비할 수 있는 생활필수품과 편의품의 총량"이라고 정의하였을 때가 그러하다. 그렇다면 경제가 성장한다는 것은 상품자본의 순환이라는 관점을 받아들여야 한다.

그러나 현실적으로 위의 세 가지 형태 중에서 가장 중요하게 간주되는 것은 화폐자본의 순환이다. 무엇보다도 돈이 시장에서 말할 수 있는 유일한 힘을 가진다(Money Talks!)는 의미에서 그러하다.●● 마르크스주의자

● 　伊藤誠,《資本論を読む》, p.277.

●● 　물론 경제성장률을 측정할 때는 물가상승률을 감안하기 때문에, 실제로 구매할 수 있는 상품의 총량이라는 애초의 아이디어는 어떤 식으로든 유지되고 있는 셈이다.

들이 흔히 '사용가치와 교환가치의 모순'이라 부르는 문제가 여기서 등장한다. 아파트 재건축 사업을 예로 들어 보자. 한 세대 만에 주택을 부수고 새로 짓도록 만드는 동기는 더 많은 돈으로 표시되는 자산 가치에 있다. 때로는 재건축을 위해 더 낡고 위험한 아파트임을 공식적으로 인증받으려는 우스꽝스러운 노력까지 생겨난다. 요컨대 교환가치의 시간이 사용가치의 시간을 지배하는 것이다.

그런데 여기서 더 중요한 점은, 이러한 자본의 세 가지 형태가 연속적이고 순차적으로만 나타나지 않고, 현실에서는 항상 같은 시점에 병렬적으로 존재한다는 사실이다. 제너럴모터스GM의 전설적인 경영자 알프레드 슬론Alfred Sloan의 회고를 읽어 보자.

> 우리는 판매 스케줄, 급여, 원료비 지급 등을 감안하여 한 달 정도 미리 매일매일 현금을 얼마나 가지고 있어야 할지를 계산하기 시작했다. (…)이 시스템으로 말미암아 (…)우리는 초과 현금을 주로 단기 정부채권에 투자할 수 있게 되었다. 그리하여 우리는 이전에는 현금으로 갖고 있던 것으로부터 소득을 얻었으며 그 결과 우리가 사용하는 자본의 효율성을 증가시킬 수 있었다.●

애초에 여유 자금은 자본의 순환이 끊어지지 않고 원활하게 이루어

● D. E. Saros, "The Turnover Continuum: A Marxist Analysis of Capitalist Fluctuations", *Review of Radical Political Economics*, 40(2), 2008, p.208.

지도록 보유하는 현금이다. 슬론은 자본가적 합리성을 발휘하여 불필요한 현금 보유를 최소한으로 줄이고 그 잉여분을 금융 투자를 통해 불리는 기법에 관해 설명한다. 말하자면 생산물(제너럴모터스라면 자동차)을 생산하는 순환 이외에 여유분 화폐자본의 또 다른 순환이 존재하는 것이다. 물론 이 새로운 순환은 생산에 직접 투자하는 것이 아니므로 앞의 〈그림 10.1〉과 같은 경로를 밟지 않으며, 다른 누군가의 자본순환에 얹혀 그 이익을 나눠 받는다.

흔히 말하는 신자유주의적 금융화 단계에서는 금융과 무관한 제조업에서조차도 기업이 금융 투자를 통해 얻는 이익이 상당한 비중을 차지한다. '금융적 축적'이나 '자본주의의 금융화'라는 개념을 강조하는 경제학자들은 비금융기업에서도 금융적 활동의 비중이 커진다는 사실에 주목한다. 그러나 슬론의 예화에서 보듯이, 이미 '자본의 변태' 안에는 언제든 '금융적 축적'의 가능성이 열려 있다고 할 수 있다. 피케티를 따르자면, 어떤 국면에서는 '부동산 투기적 축적'도 있을 수 있고, 또 어떤 국면에서는 '미술품의 축적'이 있을 법도 하다.

기계적 시간과 가상의 시간

화폐자본의 순환이 지배적 형태로 받아들여질 때, 자본의 가장 중요한 과제는 회전에 걸리는 시간을 단축하는 것이다. 노동을 통제하고 잉여노동시간을 늘림으로써 더 많은 이윤을 얻으려는 기획은 더욱 일반화하여 자본의 회전기간을 줄이려는 기획이 된다. 최초에 투자된 돈을 더 불리는 일에 방해가 되는 요인들은 제거된다. 반대로 도움이 되는 요인들은 직접 생산과 관련이 없다 하더라도 적극적으로 추구된다. 이를테면 로비나 뇌물, 정경 유착 등은 반드시 '후진적'이거나 '천민자본주의적' 사회에서만 나타나는 현상은 아니다. 물론 시민 사회의 기능이 원활하게 작동하고 민주적 의사 결정이 확산된 사회에서는 찾아보기 힘들겠지만 말이다.

이미 지적한 것처럼, 비금융기업의 금융기업화도 이러한 맥락에서 이해할 수 있다. 비정규직 노동이나 외주화에 점점 더 많이 의존하는 현상도 마찬가지다. 눈에 띄는 '비싼 시간'을 보이지 않는 '저렴한 시간'으로 바꾸는 것이다. 그렇지만 그 '저렴한 시간'이 사회 전체의 관점에서 과연 얼마나 시간 절약 효과를 가져다주는지는 진지하게 검토되지 않는다. 비정규직 노동자의 '삶의 시간'은 물론이거니와, 안정적 일자리를 갖지 못하는 노동자들의 가혹한 노동조건 때문에 오히려 손상되는 소비자의 '삶의 시간'의 질도 고려되지 않는다.

상품자본이나 생산자본보다 화폐자본의 순환이 더 중요하다고 간주될 때 테일러주의적인 시간관리가 출현한다. 아니, 출현한다기보다는 그에 잘 어울리는 형태라는 표현이 더 정확할 것이다. 테일러주의적 시간은 스톱워치로 측정되는 기계적 시간이다. 한편 신자유주의적 금융화 단계에서는 가상의 시간, 즉 '유동적이고 가상적인 성격을 띤 시간'의 역할이 커진다.

이제 시간의 경제를 지배하는 것은 '미래할인 관행'이다. 이에 따라서 우리는 시간을 자연적 흐름, 기계적 흐름만으로 경험하지 않고, 훨씬 더 복잡한 가상적 시간을 경험하게 되었다. 현재는 이제 더 이상 과거의 뒤를 잇고 미래에 앞서 있기만 한 것이 아니라 과거를 재해석하고 각색하는 시간, 나아가 미래의 가치를 할인하여 미래를 말소시키는 시간으로 작용한다.●

그러나 기계적 시간과 가상의 시간은 서로를 대체하는 관계라기보다는 보완하는 관계, 상호구성적인 관계를 이룬다. 기계적 시간은 시간의 가분성이라는 관념을 가져오며, 그로부터 시간의 가역성이라는 관념이 생겨나기는 매우 쉽기 때문이다.

내 앞에 주어진 시간을 수천 개의 레고 조각으로 만들어진 아주 기다란 막대라 생각하고, 그 조각들을 열 개 정도씩 뭉뚱그려 하나의 커다란 조각으로 만든다. 그러면 레고 조각의 숫자는 단박에 몇 백 개로 줄어든다. 다시 그렇게 뭉뚱그려진 커다란 조각 열 개를 모아 또 하나의 더 커다란 조각으로 만들면, 레고 조각의 숫자는 몇 십 개로 줄어든다. 이제 새로운 레고 조각, 그러니까 시간의 새로운 단위는 원래 시간 단위의 100배쯤으로 농축

● 강내희,《신자유주의 금융화와 문화정치경제》, 문화과학, 2014, 51쪽. 미래할인이란 미래에 존재하는 자산을 이자율 계산 등을 통해 현재가치로 환산하는 것이다. 그러므로 " '가상의 시간'에서는 시간의 상이한 지점들이 현재로 소환될 수 있다. 미래할인 관행에서 미래시간의 가치는 현재로 소환되어 평가된다(같은 책, 350쪽)." 이것은 본질적으로 시간의 가역성 문제와 관련이 있다.

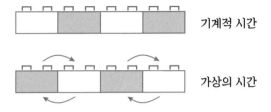

<그림 10.2> 기계적 시간과 가상의 시간

시간을 레고 조각에 빗대어 생각해 보자. 시간이 균질한 레고 조각들로 이루어져 있다는 상상이 기계적 시간의 메타포라면, 레고 조각들의 선후를 바꿀 수 있다는 상상은 가상의 시간의 메타포다. 이는 시간의 가분성과 연결된다.

된, 밀도 있는 것으로 변해버린다. (…)가끔은 레고 조각의 일부를 건너뛰거나 뒤에 놓인 레고 조각들을 앞에다 갖다 끼웠으면 무슨 일이 벌어졌을까라는 생각도 했다. ●

시간이 균질한 레고 조각들로 이루어져 있다는 상상이 기계적 시간의 메타포라면, 레고 조각들의 선후를 바꿀 수 있다는 상상은 가상의 시간의 메타포다. 시간은 시곗바늘처럼 규칙적이고 일정하게 흘러간다는 것, 그리하여 각 부분은 전체 속에서 모두 동등한 지위를 차지한다는 것, 시간은 완전히 동질적이고 따라서 가분성을 갖는다는 것, 이러한 메타포에는 이미 기계적 시간과 가상의 시간이 모두 포함되어 있다.

● 　류동민, 《기억의 몽타주》, 70~71쪽.

마치 '닭이 먼저냐 달걀이 먼저냐'라는 문제처럼, 현실이 먼저 변하고 메타포가 뒤따른 것인지, 아니면 메타포가 등장함으로써 현실의 변화가 유발된 것인지, 이른바 '이중의 메타포'는 여기서도 작동한다. 메타포가 현실을 움직일 때 그것은 강력한 이데올로기 역할을 한다. 자본의 순환이라는 관점에 기초한 메타포는 '누구나 자본가의 관점에서, 무엇이건 자본의 관점으로 생각하는 것', 바로 자본주의 사회의 지배 이데올로기가 된다.

굳어진 시간에서 흐르는 시간으로

'자본의 변태'라는 은유에 따라 굳어진 시간은 흐르는 시간으로 바뀐다. 상품으로, 생산설비로, 노동력으로 굳어진 자본은 언제든 다른 모습으로 탈바꿈할 수 있기 때문이다. 화폐자본, 생산자본, 상품자본은 각각 언제든 노동시간으로 전환될 수 있는 자본, 노동시간과 결합되어 있는 자본, 그리고 이미 노동시간이 결정화Crystalized되어 실현(판매)을 기다리고 있는 자본을 가리킨다. 이윤을 '시간의 착취'라는 구조 문제로 본다면, 자본의 관점에서 가장 바람직한 것은 언제든 노동시간으로 바뀔 수 있는 존재다.

그러므로 굳어진 시간을 흐르는 시간으로 만드는 것, 유동화하는 것은 자본의 숙원이다. 일본인이 즐겨 쓰는 '사람ヒト·물건モノ·돈カネ'이라는 관용구는 '사람이 제일 중요하다.'라는 경영철학으로 읽힐 수도 있지만,

유동성이 떨어지는 것에서부터 높아지는 순으로 읽힐 수도 있다. 한편으로는 자본의 활동이 국경을 넘어 자유로이 움직이는 세계화 과정에서 장해가 되는 순서일 수도 있다. 이른바 가치사슬Value Chain의 세계화를 통해 자본순환이 공간적으로 분절되는 것도, 다루기 힘든 요인들을 보이지 않는 곳으로 넘겨 버림으로써 순환의 시간을 줄이려는 자본의 의도에 부합한다.

기술 혁신이 시간주권을 둘러싼 '자본의 시간'과 '노동의 시간'의 대립을 넘어서 '자본의 시간'과 '사회의 시간' 사이의 모순으로 발전하는 것도 굳어진 시간의 제약에서 벗어나려는 자본의 끊임없는 노력 탓이다.

노동력의 사용을 줄이고 자본의 비중을 증가시키는 기술 진보는 사람을 물건으로 대체함으로써 노동에 대한 자본의 권력을 강화한다. 그러나 기계라는 굳어진 시간이 노동력의 사용이라는 흐르는 시간을 지배함으로써 자본은 새로운 애로를 겪는다.

경제학자들은 경기변동의 가장 중요한 원인으로 고정자본의 갱신에 오랫동안 주목해 왔다. 한 번의 회전을 통해 사라지지 않고 여러 차례의 회전 기간 동안 생산과정에서 살아남아 작동하는 기계설비 등은 수명이 다할 때마다 주기적으로 교체되어야 한다. 고정자본의 갱신을 위해 상각기금은 적립되어야 하고, 그것과 고정자본 갱신의 수요 사이에 불일치가 발생하면 경제 전체에 불균형이 누적될 가능성이 있다.● 자본순환의 관점에서는 활용되지 못한 채 쌓여만 가는 상각기금을 유동화할 필요가 있기 때문에, 말하자면 사람을 물건으로, 다시 물건을 돈으로 대체하려는 경향이 나타난다. 굳어진 시간의 지배로부터 벗어나려는 노력은 가상의 시간이라는 메타포가 현실로 자리 잡을 때 비로소 마침맞은 형상을 얻게 된다.

●   수명이 10년가량인 기계를 사용하는 기업을 생각해 보자. 10년이 지나면 이 기계를 새것으로 바꿔야 하므로 기업은 매년 일정 금액을 적립할 것이다. 기계 가격이 10억 원이라면 매년 1억 원 정도를 적립하면 된다. 이 상각기금은 일단 자본순환에서 빠져나간다. 만약 비슷한 사정을 가진 기업이 100개라면, 전체 경제에서는 매년 100억 원가량이 자본순환에서 빠지는 셈이다. 극단적으로 100개 기업의 기계 교체 시점이 똑같다면, 정확하게 10년마다 1,000억 원의 고정자본 갱신 수요가 생겨난다. 10년 동안 자본순환에서 빠져나갔던 돈이 갑자기 큰 수요가 되어 돌아오는 것이다.

11

노동력의 흐름에서
자본의 흐름으로

시간의 재구성

자본에 휘감겨 들어가는 노동력의 순환

변태라는 은유에서 드러나듯이, 자본의 핵심적인 특성은 언제든지 그 모습을 쉽게 바꿀 수 있다는 데 있다. 모습을 바꾸는 데 걸리는 시간을 최소화함으로써 멈추지 않고 연속적으로 흘러가는 것, 그야말로 자본이 가장 원하는 바이자 자본의 본질이기도 하다. 마르크스주의 지리학자인 데이비드 하비David Harvey는 "연속성, 유동성, 그리고 속도가 자본 흐름의 핵심 성질"이라 강조한다.● 경제지리학의 관점에서 이러한 핵심 성질의 발휘에 가장 큰 장해물이 되는 것은 건물이나 주택 등의 고정된 형태로 자본이 묶여 버리는 것일 테고, 이를 돌파하기 위한 자본의 끊임없는 노력이 우리가 사는 공간의 모습을 규정한다. 건축과 재건축을 되풀이하는 건설 자본의 행태를 생각해 보면 알기 쉽다.

바로 이 변태에 가장 근본적인 제약을 가하는 것이 노동력이라는 상품이다. 노동력을 고용하기 위해 지불되는 돈, 즉 임금 또한 자본의 관점에서는 흐름의 일부를 구성하는 중요한 요소가 된다. 다른 모든 조건이 일정하다면, 임금 지불액을 줄일수록 자본에는 이득이다. 그런데 기계는 자

● 데이비드 하비 지음, 강신준 옮김,《데이비드 하비의 맑스 〈자본〉 강의 2》, 창비, 2016, 182쪽.

본이 변태를 겪는 과정에서 설사 미술품으로 바뀌더라도 저항하지 않지만, 노동력을 자본의 다른 모습(예컨대 로봇이나 컴퓨터)으로 바꾸기 위해서는 노동자들의 저항을 이겨 내야 한다.●

더구나 노동력은 인간 노동자가 지닌 육체적·정신적 능력이기 때문에, 먹고 마시고 휴식을 취함으로써 유지되고 순환한다. 자본의 순환을 묘사한 것과 같은 방식으로 노동력의 순환을 그림으로 나타내면 〈그림 11.1〉과 같다.●● 〈그림 11.1〉을 왼쪽에서부터 시계 방향으로 읽어 보자. 노동자는 자신이 가지고 있는 상품(노동력)을 팔아서 화폐(임금)를 받는다. 그 돈으로 필요한 상품을 구입하여 소비함으로써 노동력을 재생산한다. 노동력의 재생산은 가계Household 안에서 일어나는 과정이므로 실선이 아니라 점선으로 나타냈다. 마치 기업이 시장이라는 바다 위에 떠 있는 섬이듯이, 가계는 노동력의 순환 과정에서 하나의 섬을 이루기 때문이다.

노동력의 순환은 순환 과정에서 이윤이 나오지 않는다는 점에서 자본의 순환과 다르다. 물론 개별 노동자는 노동력의 순환 과정에서 근검절약이나 행운 등에 기대어 원래 가지고 있던 돈을 더 많이 불릴 수도 있다. 그럼에도 그렇게 모인 돈이 자본으로 기능할 수 있는 최소자금규모에 이르는 경우는 매우 드물다. 더구나 경제가 성장할수록 최소자금규모는 더

● 우노(宇野) 학파라 불리는 일본의 마르크스 경제학자 그룹에서 노동력의 상품화가 자본주의의 가장 근원적인 모순이라고 생각하는 까닭도 여기에 있다. 예를 들어 호황기에 기업이 일자리를 늘려도 노동력이 원활하게 공급되지 못하면 경제성장은 곧 한계에 부딪히고 만다.

●● 자본의 순환에 내포된 노동력의 순환이 지닌 독자적 의미를 명시적으로 강조한 연구로는 다음이 대표적이다. Michael A. Lebowitz, *Beyond Capital*, Macmillan, 1992.

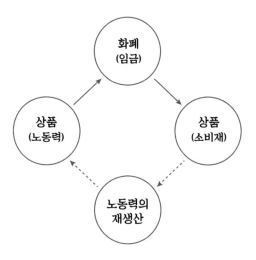

<그림 11.1> 노동력의 순환

노동자는 노동력(상품)을 팔아서 화폐(임금)를 받고, 그 돈으로 필요한 상품을 소비함으로써 노동력을 재생산한다. 노동력의 순환은 그 과정에서 이윤이 나오지 않는다는 점에서 자본의 순환과 다르다.

욱 커지는 경향이 있다.

그러나 마르크스가 말한 것처럼, 자본가는 자신의 노동자를 제외한 다른 모든 자본가의 노동자를 소비자로 간주한다. 노동자는 임금으로 소비재를 구입하며, 그것이 자본의 입장에서는 수요를 이루기 때문이다. 노동자에게 지불되는 임금은 주는 이(자본가)의 관점에서는 자본의 일부지만, 받는 이(노동자)의 관점에서는 생활의 원천이다. 요컨대 그것은 자본이면서도 자본이 아닌 이중성을 지닌다. 그러므로 노동력의 순환은 자본의 순환 속으로 휘감겨 들어간다.

인적자본의 빛과 그림자: 빚을 안고 졸업하는 대학생들

노동력의 순환을 자본순환의 부수적 계기로 받아들이는 자본주의적 구조에서 노동력은 자본이 아니면서도 자본처럼 간주된다. 그러므로 일부 마르크스 경제학자가 말하는 '노동력의 금융화'가 반드시 새로운 현상이라 할 수는 없다. 자본의 흐름은 본질적으로 금융과 밀접하게 얽혀 있으므로 '자본이 아니면서도 자본인' 노동력 또한 예외일 수 없기 때문이다.

> 금융화와 더불어 노동력의 재생산은 상품이 아니라 신용(Credit)으로부터 시작한다. 신용은 가계를 위한 상품 투입을 구입하기 위해 사용된다. (…) 순환이 다시 시작되기 이전의 어느 지점에서 노동력에 지불된 임금의 일부는 (…)가계에 선대된 화폐자본에 대한 이자 지불로서 누적되어야 한다. 더구나 이러한 이자의 의무는 임금 수취와는 독립적으로 일어나기 때문에, 가계의 생활수준은 임금 잔여분이 얼마나 되는가에 따라 결정된다.●

노동력을 인적자본으로 은유하는 것은 이미 노동력이 자본화하는 현실을 반영한다. 여기에 금융화가 덧붙여짐으로써 현실은 더욱 생생해질 뿐이다. 앞에서 살펴본 노동력의 순환을 인적자본의 순환으로 새로이 묘사하면 〈그림 11.2〉와 같이 된다.

● Dick Bryan, Randy Martin & Mike Rafferty, "Financialization and Marx: Giving Labor and Capital a Financial Makeover", *Review of Radical Political Economics*, 41(4), 2009, pp.458~472.

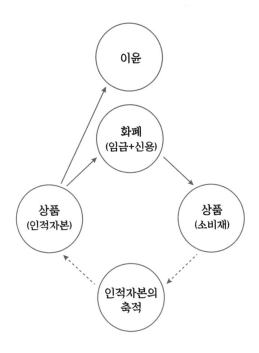

<그림 11.2> 인적자본의 순환

노동자도 자본가처럼 자신의 돈을 '투자'하여 인적자본을 자본을 '축적'하는 듯 보이지만, 현실에서 이는 막대한 학자금 대출을 안고 사회로 나가는 대학생의 모습으로 나타난다.

위쪽에 자리 잡은 화폐에서부터 시계 방향으로 〈그림 11.2〉를 읽어 보자. 이제 노동자는 자본가와 똑같이 자신이 가진 돈(일부는 신용, 즉 빚이 다.)을 '투자'하여 상품을 구입하고 그것을 소비함으로써 인적자본을 '축적'한다. 인적자본의 '축적'은 자기 책임에 따라 이루어지는 과정이므로 점선으로 나타냈다. 현실적으로 그 과정의 핵심은 교육이다. 그 결과 '축적'된 인적자본은 상품으로서 시장에서 더 높은 가격으로 팔리고, 따라서 자본의 순환과 마찬가지로 이윤을 가져다준다.

물론 모든 은유가 그러하듯 인적자본의 메타포 역시 현실의 한 측면을 포착하고 있다. 교육과 학습을 통해 높은 숙련을 획득함으로써 이른바 전문직 종사자가 되고, 그 결과 관리자 혹은 슈퍼매니저●가 되기 때문이다.

그런데 인적자본을 축적한 주체가 빛이라면, 그 그림자는 노동력이 빚을 진 주체가 된다는 것이다.

> 자본주의 경제에서 기본 전제를 이루는 동시에 모순의 근원을 이루는 노동력의 상품화 구조가 현대적으로 심화되고 있다. 상품화된 노동력의 대가인 임금 소득에 원리금 부담을 지움으로써, 금융 면에서 착취와 수탈을 중복하는 사회경제기구가 자본주의의 중추에 널리 형성된 것이다. 노동력의 상품화에 의한 잉여노동의 착취에, 말하자면 노동력의 금융화에 의한 중층적 착취가 현대적으로 조직되는 경향이 확대되고 있다.●●

막대한 학자금 대출의 부담을 안고 사회로 나가는 대학 졸업생의 이미지가 여기서 등장한다. 노동력의 순환은 그 출발점에서부터 신용을 지렛대로 삼는다. 노동력의 순환을 자본의 순환처럼 묘사하는 것이 그저 메타포에 머물지 않기 위해서는 노동력이 순환을 통해 이윤을 얻어야 하지만 현실은 그렇지 못하다. 자본의 순환이 멈추지 않음, 요컨대 연속성을

● 이 책의 〈7장 시급에는 건강하게 출근하는 것까지 포함된 거야〉를 참고하라.

●● 伊藤誠, 《サブプライムから世界恐慌へ》, 青土社, 2009, 32~33쪽.

그 생명으로 하듯이, 노동력의 순환도 이제는 멈출 수 없는 과정이 된다. 끊임없이 "자기계발하는 주체"[•]는 이렇게 해서 완성된다. "날개 단 시간의 전차"는 노동력을 앞으로 밀어 붙인다. 그러므로 '노동력의 (인적)자본화'는 노동자가 실제로 자본가처럼 된다기보다는 노동력의 흐름이 자본의 흐름을 따라간다는 뜻으로 이해하는 편이 더 적절하다.

시간의 가역성: 역사적 시간과 논리적 시간

자본의 순환이 유동성에 대한 온갖 장해물을 제거하기 위해 확립하려는 것, 혹은 제거함으로써 비로소 확립되는 것이 바로 시간의 가역성이다. 이제 자본의 변태를 구성하는 여러 요소는 모두 동등하다고 간주된다. 노동력의 순환이 간직하고 있는 개별의 흔적은 자본의 순환이라는 보편 속에서 지워진다.

시간의 가역성은 미래를 할인Discount하여 현재로 바꾸고 현재를 축적하여 미래로 바꾸는 과정을 통해 완성된다. 이자율이 연 5퍼센트일 때 1억 원을 저축하면 1년 뒤에 1억 500만 원이 되고, 1년 뒤에 얻을 1억 500만 원은 현재가치로는 1억 원이 된다.[••] 과거로부터 현재, 다시 현재로부

[•]　서동진, 《자유의 의지 자기계발의 의지》, 돌베개, 2009.

[••]　1억×(1+0.05)=1억 500만 원이므로, 1억 500만 원/(1+0.05)=1억 원이 된다. 이때 0.05(5퍼센트)는 할인율이다.

터 미래로 흘러가는 시간 속에서 발생할 수 있는 온갖 불확실한 요소가 할인율에 계산 가능한 형태로 함축되어 있다. 불확실성은 사실상 사라져 버리는 셈이다. 내일 출근길에 비가 올지 안 올지는 불확실하지만, 비 올 확률이 80퍼센트(즉, 오지 않을 확률은 20퍼센트)로 알려지는 순간 불확실성은 위험으로 바뀌며 위험을 한데 모아서^{Pooling} 관리할 수 있게 된다. 불확실성을 위험으로 바꿈으로써 시간은 가역적인 것이 된다.

경제학 교과서에 등장하는 생애주기^{Life-Cycle}에 걸친 소득 그래프를 응용해 보자. 대부분의 사람은 생애 초기에는 돈을 벌지 못하다가 점점 소득이 늘어나 특정 시점에 가장 많이 벌고, 그 후로는 점점 소득이 줄어 마침내 은퇴 시점을 지나면 0이 된다. 〈그림 11.3〉의 A곡선은 이러한 소득 패턴을 단순화하여 나타낸 것이다. 수평축을 따라 시간이 흘러갈 때, 수입은 처음에 증가하다가 최댓값에 이른 다음 다시 감소하는 포물선 모양이 된다. 만약 시간이 완전한 가역성을 갖는다면, 생애 어느 시점에서 돈을 얼마나 버는가보다는 평생에 걸친 소득 총액만이 중요할 따름이다. 즉, 시간 할인을 통해 면적 r의 일부를 앞으로 끌어당겨 면적 α로, 다른 일부는 미래로 이연하여 면적 β로 만들면, $\alpha+\beta=r$가 되도록 만들 수 있다.● 이렇게 해서 A곡선은 A′처럼 직선으로 변한다.

금융화는 굳어진 시간을 흐르는 시간으로 바꾸는 장치인 동시에 역사적 시간^{Historical Time}을 논리적 시간^{Logical Time}으로 바꾼다. 역사적 시간

● 엄밀하게 말하자면 할인율(이자율)을 i라 할 때, $\alpha(1+i)+\beta/(1+i)=r$라는 관계가 성립한다.

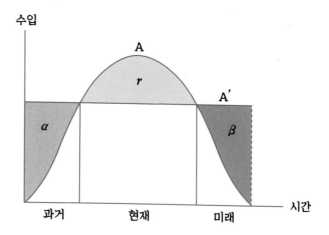

<그림 11.3> 시간의 가역성을 적용한 생애주기 그래프

수평축을 따라 시간이 흘러갈 때, 수입은 A곡선처럼 처음에 증가하다가 최댓값에 이른 다음 다시 감소하는 모양을 나타낸다. 시간 할인을 통해 $\alpha+\beta=r$이 되도록 만들면 A곡선은 A´처럼 직선으로 변한다.

은 돌이킬 수도 앞당길 수도 없는 시간이다. 역사적 시간 속에서 과거의 선택은 누적되어 현재를 제약하고, 다시 그것은 미래에 영향을 미친다. 그러나 논리적 시간은 할인이라는 개념적 장치를 통해 현재와 미래를 자유로이 넘나든다. 현재는 축적되어 불어난 과거인 동시에 할인된 미래가 된다. 시간이라는 근원적 한계는 '시간=돈'이라는 은유 속에서 극복되는 셈이다.

재구성된 시간: 인간의 삶 vs. 자본의 삶

'생산에는 시간이 걸린다.'라는 자명한 사실이자 한계는 논리적 시간 속에서 끊임없이 돌파된다. '시간=돈'이라는 메타포가 작동함으로써 자본순환의 모든 요소는 균질하게 쪼개진 채로 각각의 투입에 대한 산출을 계산할 수 있는 상태로 생각되기에 이른다. 그러므로 노동의 성과도 매 구성 요소 단위로 측정될 수 있다는 믿음이 강요되며 그러한 믿음에 기초하여 평가받게 된다. '시간의 가역성과 가분성이 서로를 구성하는 관계에 있다.'라는 명제는 여기서 완성된다.

〈그림 11.3〉에서 A곡선을 수입이 아니라 노동생산성이라 생각하면, 그것이 원래 어떤 모습을 하고 있건 간에 A′이라는 직선으로 환산되면서 각 시간 단위는 직선으로 쪼갤 수 있는, 즉 가분성을 갖춘 구성 요소로 간주된다. A′이라는 직선을 구성하는 기계적 시간은 그러므로 시간의 가역성을 전제하는 가상의 시간으로부터 도출된다. '시간=돈'이라는 메타포는 이렇게 '시간=노동'이라는 메타포를 통해 기계적 시간을 지나 가상의 시간의 영역으로 넘어간다. 이제 노동의 시간은 그 어떤 주춤거림이나 울퉁불퉁함도 없이 고르게 흘러가는 것으로 재구성된다.

플로우로 재구성된 시간은 일정한 지속 기간 동안 항상 일정하게 기여해야 한다고 여겨진다. 〈그림 11.4〉에서 시간은 Δt라는 동질적 요소들의 조합으로 생각된다. 밑변의 길이가 똑같은 막대들의 합계에 지나지 않는 것이다. 노동력이 지출되는 자연적이고 인간적인 리듬과 무관하게 그 성과는 Δt 단위로 평가된다. 여기서 한 걸음 더 나아가면, 기여하지 못한

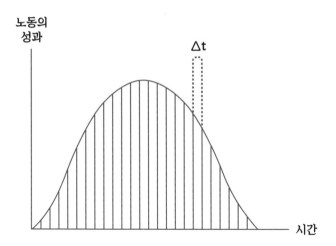

<그림 11.4> 재구성된 시간

플로우로 시간을 재구성하면, △t라는 시간의 양은 밑변의 길이가 똑같은 막대들의 합계에 지나지 않게 된다. 이때 노동의 성과는 노동력이 지출되는 자연적이고 인간적인 상황과 무관하게 △t 단위로 평가받는다.

시간은 시간으로 인정받지 못한다. 이제 플로우로 기여한 만큼 플로우로 보상한다는 경제학의 원칙●이 성립한다. 그러나 그 원칙은 애초 노동력의 순환에 담겨 있던 인간의 삶을 자본의 삶으로 치환함으로써 비로소 만들어지는 것이다.

● 　모든 생산요소는 그것이 노동이건 기계이건 땅이건 간에 각자가 생산에 기여한 만큼 보상받는다는 이른바 한계생산력설이 그것이다.

12

21세기판 모던 타임즈

잉여의 시간

누가 우리의 노동을 모욕하는가

여기서 다시 영화 〈모던 타임즈〉의 한 장면으로 가 보자. 주인공 찰리는 어느 날 영문도 모른 채 치과 의료 장비처럼 생긴 기계 앞에 앉혀지고, 자동으로 움직이는 로봇 팔이 스프와 옥수수 따위의 음식을 찰리의 입에 집어 넣는다. 물론 기계 오작동으로 찰리의 얼굴은 이내 난장판이 되어 버리고 한순간의 해프닝은 끝나 버린다. 식사 시간조차도 줄여 노동량을 확보하려는 자본의 시도를 희극적으로 묘사하는 장면이다.

노동력의 순환에서 가장 기본이 되는 요소는 노동력의 재생산, 즉 먹고 마심으로써 육체적·정신적 노동 능력을 유지하는 과정이다. 그렇지만 자본의 순환이라는 관점으로 보자면, 이 과정은 순조로운 흐름을 끊어 버리는 '단절'의 시간이자 비용을 발생시키는 시간이다. 물론, 단지 먹고 마시는 행위만이 노동력의 재생산을 구성하지는 않는다. 그러므로 〈모던 타임즈〉의 장면을 액면 그대로 식사 혹은 휴식이라는 행위에만 초점을 맞춰 이해할 필요는 없다. 그 장면은 노동력의 흐름을 끊임없이 자본의 흐름 속으로 끌어들이려는 시도 일반에 관한 은유로 받아들여야 할 것이다.

'생산의 시간' 안에 하나의 시간만이 아니라 서로 다른 여럿의 시간이 동시에 존재한다는 생각은 다양한 방식으로 확인된다. 그런데 지금 여기서 주목하는 것은 '노동의 시간'과 '자본의 시간'이 서로 엇갈리며 공존한다는 사실이다. 이는 내가 내 삶의 스케줄과 리듬을 스스로 결정한다는 의미의 시간주권 문제와는 약간 성격이 다르다.

자본에 고용된 노동력이 일하고 있는 순간에도 노동력의 순환은 진행되고 있다. 노동력은 한편으로는 자본이 요구하는 일을 함으로써 이윤창출에 기여하지만, 다른 한편으로는 스스로의 노동력을 재생산하는 활동을 하는 셈이기 때문이다. 무엇보다도 노동자 자신이 소비할 상품을 사기 위해 일하는 것이므로 간접적으로는 그 상품을 생산한다고 볼 수 있다. 그뿐만 아니라 일을 통해 스스로 '살아 있음'을 느낀다는 점에서도 노동력을 재생산하고 있는 것이다.

> 생산과정의 시간 안에서 이러한 (…)이중성(Duality), 즉 나는 상품의 새로운 가치를 생산하는 동시에 나 자신을 재생산하기 위해 필요한 상품의 가치도 생산한다는 것은 자본 축적의 시간성(Temporality), 즉 자본이 (…)스스로보다 더 많이 생산하며 과정 중에 있는 스스로를 증가시킨다는 또 다른 미스터리의 열쇠를 쥐고 있을 뿐만 아니라 '시니어의 최후의 한 시간'이라는 몰리에르(Molière)적 우스꽝스러움을 야기한다. ●

원래 마르크스가 《자본론》 제1권에서 말한 것은, 노동자 자신이 먹고 살기 위해 일하는 '필요노동'과 그것을 초과해서 일하는 '잉여노동'이 서로 분리할 수 없도록 얽혀 있다는 점을 설명하기 위함이었다. 그렇지만 노동의 양적 측면뿐만 아니라 질적 측면에 관해서도 노동의 시간과 자본의 시간의 뒤얽힘이 생겨난다. 모든 노동은 제아무리 먹고살기 위한 목적이라 하더라도 스스로의 존재 가치를 실현하는 '에피퍼니Epiphany의 순간(깨달음의 순간)'●●을 내포할 수 있다. 그것은 바로 노동의 소외를 극복하는 순간이다. 마르크스가 자본주의를 지양함으로써 비로소 성취할 수 있으리라 믿었던 순간이기도 하다. 물론 노동의 소외는 자본주의 때문만이 아니라 인간 실존의 근원적 조건 때문일 수도 있다. 만약 그렇다면 자본주의를 넘어서는 것만으로 소외가 극복되리라 단언할 수는 없다.●●● 그러나 적어도 인간 본연의 소외를 자본주의적 메커니즘이 더 심화시킨다는 주장은 성립할 것이다.

그 깨달음의 순간은 극히 짧거나 상황에 따라서는 한순간도 존재하지 않을 수 있다. 많은 경우 그 순간은 자본의 시간 앞에 힘을 잃고 스러지

● Fredric Jameson, *Representing Capital*, p. 100. '시니어의 최후의 한 시간'이란 마르크스가 《자본론》 제1권에서 격렬하게 비판했던 경제학자 나소 시니어(Nassau Senior)의 이론을 가리킨다. 시니어는, 노동자는 줄곧 자신이 받는 임금에 해당하는 부분을 생산하다가 마지막 한 시간에 비로소 이윤을 생산하기 때문에 노동시간을 줄여서는 안 된다고 주장하였다. 그의 주장은 10시간 노동 법안을 반대하기 위한 논리로 동원되었다. 카를 마르크스 지음, 《자본론 I-상》, 297~304쪽을 참조하라.

●● 소설 《젊은 예술가의 초상》에서 주인공 스티븐은 바닷가에서 우연히 마주친 소녀의 이미지로부터 에피퍼니를 경험한다. "그녀의 이미지는 영원히 그의 영혼 속으로 옮겨갔고, 그가 거룩한 침묵 속에서 느끼던 황홀경을 깨는 언어는 없었다. 그녀의 눈이 그를 불렀고 그의 영혼은 그 부름을 받고 뛰었다. 살며, 과오를 범하며, 타락해 보고, 승리하고 삶에서 삶을 재창조하는 거다!" 제임스 조이스 지음, 이상옥 옮김, 《젊은 예술가의 초상》, 민음사, 2001, 265쪽.

●●● 소외에 관한 다양한 견해와 마르크스의 견해 차이에 관해서는 다음을 참조하라. 마르셀로 무스토 지음, 하태규 옮김, 《마르크스와 마르크스주의들을 다시 생각한다》, 한울, 2013, 〈제11장 마르크스의 소외 개념 재논의〉.

<그림 12.1> 자본의 시간과 노동의 시간

노동의 시간은 자본의 시간에 의해 재구성된다. 자본의 시간(직선)은 노동의 시간(곡선)을 때로는
단절시키며 때로는 휘어 놓는다.

곤 한다. 예를 들어, 돌봄노동을 수행하는 노동자의 감정노동은 때로 노동
자 자신에게도 보람을 가져다주는 깨달음의 순간일 수 있으되, 필요 이상
의 감정노동을 강요받고 심지어 감시당하기까지 하는 노동자에게는 그저
자존감을 잃는 모욕의 순간일 따름이다. 자본의 시간은 노동의 시간을 때
로는 단절시키며 때로는 휘어 놓는다.

자본의 틀에서 밀려난 시간: 비정규직 노동의 역설

경영학의 마케팅 이론에서 말하는 '진실의 순간Moment of Truth'은 재
화나 서비스의 품질에 소비자가 이른바 고객 감동을 느낌으로써 구매를
결정하는 그 짧은 순간을 가리킨다. 그 순간이 그저 자본의 전략에 효과적
으로 속아 넘어간 물욕의 순간만은 아닐 것이다. 진실의 순간은 물론 본질
적으로는 기업이 이윤을 실현하는 순간이지만 소비자에게도 깨달음의 순
간일 수 있기 때문이다.

이와 마찬가지로 노동력의 순환과 자본의 순환이 항상 엇갈리기만

하는 것은 아니다. 자본이 이윤을 얻는 순간이 노동자에게 깨달음의 순간일 수도 있다. 그러나 자본주의의 정의 자체가 자본이 주도권을 쥐는 사회라는 점에서, 자본의 순환은 노동력의 순환을 압도한다. 자본이 짜 놓은 틀 밖으로 밀려날 때 혹은 그 틀을 깨고 나가려 할 때, 노동의 시간은 언제나 불필요한 시간, 즉 '잉여의 시간'으로 간주된다.

다음의 서술은 '플로우로 재구성된 노동시간', 마치 동질적인 레고블록의 연속체와도 같은 노동시간이라는 표상이, 결국 노동력의 순환에 담긴 인간의 삶을 자본의 삶으로 치환하는 메커니즘 때문에 생겨남을 설명하고 있다.

> 노동시간에서 시간은 연속을 통해 정의된다. (…)그것은 동일한 것의 지속을 통해 정의되는 시간이다. 지속으로서의 노동시간에서 '때'는, 다시 말해 틈과 단절이며 새로움의 구성인 저 '때'의 시간은 낭비로 정의되며 제거되어야 할 것으로 정의된다. 노동시간은 활동력이 갖고 있는 다질적 창조의 '때들'을 억압하면서 오직 그것을 하나의 목적론적 과제(가치생산)에 복무하게 한다. 노동시간이 삶을 지배하면 할수록 '때'로서의 시간이 억압되고 사라지는 것은 이 때문이다. 공장의 구축 이후에 찾아오는 바쁨은 바로 창조적 '때들'의 이러한 박탈과 제거의 효과이다. ●

여기서 '때'란 앞에서 말한 에피퍼니의 순간과도 통한다. 그러나 시

● 조정환, 《인지자본주의》, 갈무리, 2011, 280쪽.

간은 돈이고 다시 노동이라는 이중의 메타포가 지배하는 곳에서, 돈을 벌지 못하는 잉여의 시간은 이미 시간이 아니다. 이따금 존재하는 에피퍼니의 순간도 잉여의 시간이 아님을 끊임없이 스스로 입증해야 할 책임을 떠맡는다. 창의력이 현현하는 순간이건 노동력 재생산을 위해 매듭을 지어야 하는 결정적 순간이건 간에, 그것이 자본에 대해 '생산적'임을 증명해내지 못하는 한 잉여의 시간일 따름이다.

자본의 흐름 속에서 어떻게 평가되고 인정받는가는 노동력의 존재양식을 규정한다. 이를테면 비정규직 노동이 낮은 평가를 받는 현실에 대해 우리는 역설적인 물음을 던져 볼 수 있다. 비정규직이기 때문에 낮은 평가를 받는 것인가? 아니면 낮은 평가를 받기 때문에 비정규직 노동이 되는 것인가? 정규직 노동과 비정규직 노동 사이의 분할, 때로는 적대에 가까운 관계, 이른바 분할통치Divide and Rule를 마치 할리우드 영화의 악당 같은 자본이 음모를 꾸며 만들어 낸 전략으로 이해할 수만은 없다.

이제 한국에서 정규직 노동조합과 자본의 적대적 공생 관계를 지적하는 일은 전혀 새삼스럽지 않다.● 그렇지만 이른바 적대적 공생을 오직 의도의 산물로만 이해하면 현실을 지나치게 단순화하게 된다. 다른 사회 현상처럼 주체들 사이에 서로 충돌하는 다양한 의도, 행위의 실행, 심지어는 우연과 실수 등이 얽히고설키어 빚어 낸 결과일 따름이다. 그러나 그 결과가 하나의 구조로 자리 잡고 나면, 개별 행위자들은 그 구조에서 벗어나기가 쉽지 않다. 이때 구조의 핵심은 노동과 기여의 대응이라는 원칙이 성

●　박태주,《현대자동차에는 한국 노사관계가 있다》, 매일노동뉴스, 2014.

립하지 않는다는 것이다.●

이 원칙의 위배라는 관점에서 보면, 슈퍼매니저의 천문학적 소득이 결정되는 원리와 비정규직 노동이 차별받는 논리는 크게 다르지 않다. 노동력의 흐름이 자본의 흐름으로 끊임없이 끌려 들어가는 것은, 그러므로 권력이 시간을 규정하는 것, 요컨대 권력이 노동의 시간과 잉여의 시간을 구획하는 '권력의 시간'이기도 하다. 그러므로 여기서 문제는 권력의 일방적 행사를 어떻게 공공적으로 규제할 것인가라는 민주주의 일반의 문제로 바뀐다.

자본의 노동자 길들이기 전략: 산업예비군의 역할

기술 변화는 '굳어진 시간'과 '흐르는 시간' 사이에 변화를 가져온다. 흔히 자본이라 불리는 생산수단은 기계, 컴퓨터, 산업용 로봇 혹은 그 무엇이건 간에 인간의 노동으로 만들어진다는 점에서 이미 굳어진 시간이다. 반면 살아 움직이는 인간의 노동은 흐르는 시간이다. 노동력에 비해 생산수단이 생산과정에서 차지하는 비중이 커지면서 굳어진 시간은 흐르는 시간을 지배하기에 이른다. 알파고가 바둑을 둘 때, 반상에 돌을 갖다 놓는 것은 결국 사람이지만, 흐르는 시간인 그의 노동은 굳어진 시간인 알파고에 철저하게 종속된다.

● 　이 책의 〈7장 시급에는 건강하게 출근하는 것까지 포함된 거야〉를 참고하라.

흐르는 시간이 굳어진 시간으로 대체될수록 노동력이 자본의 틀에서 밀려날 가능성은 커진다. 힘들여 쌓은 숙련이 무력화되면서 숙련의 소유자인 노동자는 점점 주변적 기능만을 담당하게 된다. 아울러 똑같은 규모의 경제성장이 유지되더라도 고용되는 노동량은 상대적으로 줄어든다. 산업예비군Industrial Reserve Army이라고도 불리는 이른바 상대적 과잉 인구가 생겨난다. 요컨대 절대적으로 잉여가 되는 것이 아니라, 자본의 순환 규모에 비해 상대적으로 잉여가 된다는 뜻이다.

자본의 틀에서 완벽하게 밀려날 때 노동력은 실업 상태가 된다. 실업은 당하는 이에게는 그 자체로 크나큰 고통이지만, 고용 상태에 있는 노동력에게는 자본의 순환에 고분고분하게 편입되도록 위협하는 역할을, 자본에는 완충 장치의 역할을 수행한다.

개별 자본가에게 산업예비군의 존재는 두 가지 의미에서 이득이 된다. 우선 "비고용된" 노동력은 "고용된" 노동력의 임금을 낮추라는 압력을 가한다. 다른 한편 산업예비군은 실제로 자본축적을 비약적으로 팽창시켜주는 "예비군" 역할을 한다. 완전고용 상황에서는 예를 들어 외국에서 새로운 시장을 개척한 경우 등에서 생산을 빠르게 증대시키는 것이 불가능하다. 때문에 우리가 기업들에게 실업률을 낮추기 위해 무언가를 해야 한다고 호소하는 것은 언제나 틀린 것이다. 또한 자본주의가 실업을 양산한다고 비난함으로써 자본주의를 비판하는 것 역시 잘못된 것이다. 자본의 유일한 목적은 증식이지 완전고용을 창출하거나 인구 대다수에게 좋은 삶을 제공하는 게 아니기 때문이다. ●

이 인용문의 내용은, 자본가는 노동자들을 길들이기 위해 기술적으로 가능한 상황에서도 완전고용을 추구하지 않는다는 칼레츠키의 주장●●과 맥락을 같이한다.

굳어진 시간의 중요성이 커지므로 흐르는 시간, 즉 플로우로서의 노동은 생산에 기여하는 바가 점점 작아진다. 플로우로서의 기여에 대해 플로우의 수당으로 보상한다는 생각은 더욱 타당하게 받아들여진다. 노동의 플로우가 그 스톡인 노동력, 즉 인간의 실존을 전제로 한다는 사실은 자주 잊힌다. 스톡으로서의 노동력 유지라는 관점은 더욱 희박해진다. 임금이 노동력, 즉 인간(노동자)의 생활 유지비라는 관점이 아니라 '한 일'에 대한 보상이라는 관점은 이론적으로나 현실적으로도 의문의 여지가 없어진다.

금융화는 굳어진 시간과 흐르는 시간 사이의 균열을 메우면서 실상은 그 모순을 점점 키워 가는 역할을 한다. 마르크스가 즐겨 사용했던 헤겔 철학의 표현을 빌리면, "모순이 운동할 수 있는 형태"를 만들어 내는 것이다. 굳어진 시간을 흐르는 시간으로 바꿈으로써 자본의 회전은 빨라지고 순환의 애로는 제거된다. 그러나 그에 비례하여 시간이 흘러가는 속도는 빨라지고 삶의 불안정성은 증가한다.

●   미하일 하인리히 지음, 《새로운 자본 읽기》, 182쪽.

●●   이 책의 〈9장 메타포의 세계〉를 참고하라.

《잠실동 사람들》과 새로운 도회적 풍경

자본주의 경제, 아니 좀 더 일반적으로 말해 우리의 삶은 끊임없이 변화하면서도 연속성을 갖는다. 굳이 말하자면, '변화 속에서의 연속' 혹은 '연속 안에서의 비약과 단절'이라 할 수 있다. 마르크스가 《자본론》에서 다루는 '움직이는 시간'에도 '되풀이의 시간성'과 '두드러지는 변동의 시간성'이라는 두 가지 시간성이 존재한다.●

마르크스의 주장이 현실에서 가장 분명하게 실현된 사례는 다름 아닌 기술 진보의 시간이다. 기술 진보는 생산수단과 노동력 사이의 양적 비율을 변화시키고, 한편으로는 상품, 특히 생산수단의 가치를 감소시킴으로써 시간을 변화시킨다. 물리적으로는 수명을 유지하며 여전히 건재한 생산수단도, 기술 진보의 결과 그 안에 담겼다고 평가되는 투하노동량은 급속하게 줄어든다. 기술이 발전하면 더 적은 노동시간으로도 더 많은, 대개의 경우 품질이나 성능도 더 좋은 기계를 만들 수 있기 때문이다. 여기는 이른바 사용가치와 교환가치 사이의 모순이 극적으로, 그리고 가장 일상적으로 드러나는 지점이기도 하다.

마르크스와 프리드리히 엥겔스Friedrich Engels는 《공산당 선언》에서 자본주의의 생산력 발전이 가져온 엄청난 사회 변화를 "모든 견고한 것은 녹아 허공 속으로 사라진다."라는 문장으로 묘사했다. 맥락은 다르지만, 이제 기술의 발전은 견고하게 굳어진 시간을 끊임없이 해체하여 허공 속

●   백승욱, 《생각하는 마르크스》, 북콤마, 2017, 51~53쪽.

으로 날려 보낸다. 굳어진 시간이 차지하는 중요성은 점점 커져 가지만, 다른 한편으로 그것이 함축하고 있는 노동시간은 빠른 속도로 줄어든다.

소설 《잠실동 사람들》●의 등장인물은 어린 시절 살던 동네에서 경제적 이유로 밀려난 뒤 훗날 학습지 교사가 되어 자신이 살던 주공아파트를 드나들지만, 이미 재개발을 거친 그곳에서 자신의 집이 어디쯤에 있었는지조차 가늠하지 못한다. 1970년대 산업화로 말미암아 부초처럼 떠도는 모습으로 묘사됐던 떠돌이 유랑극단의 삶은 이제 금융화에서 비롯되는 굳어진 시간의 유동화를 통해 새로운 도회적 풍경으로 나타나는 것이다.

● 정아은, 《잠실동 사람들》, 한겨레출판, 2015.

13

김 첨지의 '운수 좋은 날'과
반복창의 일확천금

허구의 시간

미두왕 반복창의 몰락

일제 강점기 군산을 배경으로 하는 소설《탁류》에서 여주인공의 아버지는 미두^{米豆}에 손을 댔다가 재산을 탕진한다. 미두는 장래에 현물로 거래할 쌀의 가격 등락에 돈을 거는 일종의 선물 거래였다.

> 조금치라도 관계나 관심을 가진 사람은 시장(市場)이라고 부르고, 속한(俗漢)은 미두장이라 부르고, 그리고 간판은 '군산미곡취인소(群山米穀取引所)'라고 써붙인 ○○도박장(○○賭博場).
>
> (…)여기는 치외법권이 있는 도박군의 공동조계(共同租界)요 인색한 몽테 카를로다. 그러나 몽테 카를로 같은 곳에서는 노름을 하다가 돈을 몽땅 잃어버리면 제 대가리에다 대고 한방 탕 쏘는 육혈포 소리로, 저승에의 삼천 미터 출발 신호를 삼는 사람이 많다는데, 미두장에서는 아무리 약삭빠른 전 재산을 통통 털어 바쳤어도 누구 목 한번 매고 늘어지는 법은 없으니, 그런 것을 조선 사람은 점잖아서 그런다고 자랑한다던지!●

● 채만식,《탁류》, 문학과현실사, 1994, 82~83쪽.

1920년대 식민지 자본주의하의 조선은 부나비처럼 이익을 좇는 인간들의 욕망이 꿈틀거리며 맞부딪히는 곳이었다. '미두왕'으로 이름을 떨쳤던 반복창潘福昌은 일본인의 하인으로 출발하여 겨우 스무 살 나이에 백만장자가 된 인물이다. 조선호텔에서 열린 그의 호화 결혼식을 위해 인천에서 경성까지 임시 급행열차를 운행할 정도였지만, 반복되는 베팅의 실패로 결혼 몇 년 만에 무일푼이 되어 쓰러지고 만다. 그가 단 한 번의 미두로 벌었다는 18만 원은, 비슷한 시기인 1924년 현진건의 단편 소설 〈운수 좋은 날〉에서 인력거꾼 김 첨지가 상상도 할 수 없이 많이 벌었다던 일당 30원의 6,000배에 이르는 금액이다.●

현물(쌀)을 전혀 갖고 있지 않은 이가 계약금을 걸고 게임에 참가하여 벼락부자가 될 수도 있고, 그 벼락부자가 다시 노숙자가 되어 쓰러지기도 하는 그곳은 채만식이 묘사한 것처럼 거대한 도박장에 다름 아니었다. 도박장은 누군가 따면 반드시 그만큼은 누군가가 잃는 제로섬 게임에 기초한다. 미두는 종종 '카지노 자본주의'라고도 불리는 금융화한 자본주의의 원형이기도 하다. 존재도 하지 않는 가상의 시간을 기초로 현물의 시간을 착취하는 것, 바로 그것이 금융화의 본질일지도 모른다.

● "미두왕(米豆王) 반복창의 인생 유전", 《신동아》 2007년 1월호. 한편 1929년 조선인 인력거꾼의 평균 일당은 2.32원에 지나지 않았다. 이계형·전병무 편저, 《숫자로 본 식민지조선》, 역사공간, 2015, 349쪽.

자본의 물신이 완성되는 순간

다른 조건이 똑같다면, 누구나 미래에 생길 자산보다는 지금 수중에 있는 자산을 더 중요하게 여긴다. 1년 뒤에 생길 100만 원은 지금 당장 눈앞에 놓인 100만 원 만큼의 가치가 없다. 연간 이자율이 5퍼센트여서 100만 원을 은행에 예금하여 1년 뒤에 105만 원이 된다면, 거꾸로 말해 1년 뒤의 105만 원은 지금의 100만 원과 같다. $\frac{105}{(1+0.05)}=100$이기 때문이다. 만약 2년 뒤, 3년 뒤라면 분모를 복리로 계산해야 한다. 바로 시간의 가역성이다. 이렇게 시간의 가역성을 받아들이는 순간, 미래에 발생할 소득의 흐름은 할인●을 통해 하나의 뭉칫돈으로 계산된다.●● 바로 이것이 금융 시장에서 가격이 결정되는 기본 원리를 이룬다.

그러므로 금융 자산이건 토지나 건물에 대한 임대료이건 간에 정기적으로 발생하는 수입의 흐름은 자본으로 환원된다. 이를 가공자본 Fictitious Capital이라 부른다. '자본 환원'을 뜻하는 영어 단어 'Capitalization'은, 그러므로 자본이 아닌 것을 자본처럼 간주한다는 마르크스 경제학의 문제의식도 함축하고 있다.

지금부터 영원토록 매년 100만 원의 수입을 규칙적으로 받을 수 있다고 하자. 그렇다면 그것은 이자율을 통해 자본으로 바뀐다. 예를 들어,

---

● 만기가 도래하지 않은 어음을 선이자 공제 후 현금으로 바꿔 주는 '와리깡'은 할인(Discount)을 의미하는 엉터리 일본어다. 언어는 생물인지라 이제는 '깡'만 살아남아 '카드깡' 따위로 쓰인다.

●● 이 책의 〈11장 노동력의 흐름에서 자본의 흐름으로〉를 참고하라.

연간 이자율이 5퍼센트(즉, 0.05)라면 미래 소득의 흐름은 다음과 같은 무한등비급수가 되어 2,000만 원에 수렴한다. 따라서 이 권리는 2,000만 원 어치의 자본과 같은 것으로 간주된다.

$$\frac{100}{(1+0.05)} + \frac{100}{(1+0.05)^2} + \frac{100}{(1+0.05)^3} + \cdots \cdots \frac{\frac{100}{(1+0.05)}}{1 - \frac{1}{(1+0.05)}} = \frac{100}{0.05} = 2,000$$

위의 식을 오른쪽에서 왼쪽으로 읽을 때 인과 관계는 뒤집힌다. 요컨대 2,000만 원이라는 자본이 있다면, 그로부터 매년 100만 원의 수익이 나와야 마땅하다고 여겨진다. 경제학 교과서처럼 말하면 2,000만 원이라는 자본의 기회비용은 연간 100만 원이 된다. 그러므로 어떤 자본이 2,000만 원을 투자하여 연간 200만 원의 이윤을 얻었다면, 그중 100만 원은 잠재적 이자 수입에 해당하는 기회비용이고 나머지 100만 원이 기업가 이득이다. 이렇게 이윤은 개념적으로 이자와 기업가 이득으로 나뉜다.

총이윤이 이자와 기업가 이득으로 나누어지는 것은 우선은 **양적인** 분할이다. 하지만 이 양적 분할은 자본을 빌리지 않은 자본가들마저도 고려해야 하는 견고한 **질적** 분할이기도 하다. (…)**이자는** 순전히 자본 소유에서 나온 열매인 것처럼, 즉 생산과정 외부에 존재하는 것처럼 보인다. 이와 달리 **기업가 이득**은 생산과정 속에서 자본이 수행하는 기능의 결과인 것처럼 보인다. 따라서 이자와 기업가 이득은 질적으로 서로 다르고, 서로 다른 원천에서 나온 것처럼 보인다.●

이자와 기업가 이득이 질적으로 구분된다는 말은, 실제로 그러하다는 뜻이 아니라 자본주의 사회를 살아가는 우리 머릿속에서 그렇다는 의미다.

이제 자본이 인정하는 시간, 자본이 함께하는 시간만을 가치 있게 여기는 자본의 물신●●은, 자본의 존재만으로 일정한 수익이 보장되는 것이 당연하다는 생각으로까지 발전한다. 경제학 교과서에서 흔히 이윤과 이자가 명확하게 구분되지 않는 까닭도 여기에 있다. 자본의 존재가 자동적으로 기회비용에 해당하는 이자 수입을 가져다주어야 한다면, 이윤 중에서 그것을 초과한 부분, 즉 기업가 이득은 기업가의 소득으로 간주된다. 기능자본가, 즉 단지 자금만 공급하는 화폐자본가와 달리 직접 경영에 참가하는 자본가 혹은 그 대리인의 소득마저도 임금으로 보이게끔 만드는 것이다. 흔히 노동·자본·토지를 생산의 3요소라 부르곤 하는데, 여기에 경영 혹은 기업가 정신을 덧붙여 제4의 요소로 꼽고 기업가 이득을 그에 대한 보수로 간주할 때 자본의 물신은 최신 단계에 도달한다.

물론 마르크스조차 인정하였던 것처럼, 기업가의 노동에는 일부 '생산적'인 측면이 분명하게 존재한다.

● 미하일 하인리히 지음, 《새로운 자본 읽기》, 228쪽. 강조는 원문. 독일어 'Unternehmergewinn' 은 《새로운 자본 읽기》에서 '기업가 수익'으로 번역되었으나, 여기서는 경제학에서 일반적으로 사용하는 '기업가 이득'으로 옮겨 적었다.

●● 이 책의 〈9장 메타포의 세계〉를 참고하라.

대규모로 수행되는 모든 직접적으로 사회적인 노동 또는 공공 노동은 개인들의 활동을 조화시키기 위해, 그리고 [생산 유기체의 독립 기관들의 운동과는 구별되는 생산 유기체 전체의 운동으로부터 생기는] 일반적 기능을 수행하기 위해, 지휘자를 필요로 한다. 바이올린 독주자는 자신이 직접 지휘자가 되지만 교향악단은 독립적인 지휘자를 필요로 한다. 지휘·감독·조절의 기능은 자본의 지배 아래에 있는 노동이 협업적으로 되자마자 자본의 한 기능으로 된다. 자본의 독자적인 기능으로서 지휘의 기능은 자기 자신의 특수한 성격을 획득하게 된다. ●

그러나 그 생산적 부분을 초과하는 몫까지도 임금으로 보이게 만들 때 비로소 자본의 물신은 완성된다. 자본의 소유자가 직접 기업가를 겸하는 경우는 물론, 자본소유자의 대리인인 이른바 전문경영인이 기업가인 경우에도 조직 안에서 그(녀)에게 더 많은 권력이 주어진다. 더 많은 권력은 더 많은 보수로 이어지지만, 그 보수가 노동의 대가인 임금으로 받아들여지는 것이다.

가공의 시간 vs. 진짜 시간

사실, 논리적 선후 관계는 명확하다. 아무리 많은 돈이 모여 있다 하

● 　카를 마르크스 지음,《자본론 I-상》, 450쪽.

더라도 그 자체만으로는 돈을 벌지 못한다. 비즈니스를 통해 수익을 올릴 때, 비로소 그 수익의 일부가 이자로 지급될 수 있다. 실제로 생산 현장에서 자본으로 기능하지 못하는 돈에서는 결코 수익이 생겨나지 않는다.

토지 소유의 비생산적 성격을 강조한 것으로 유명한 헨리 조지는 회사채에 관해 언급하면서 이러한 논리 관계를 다음과 같이 매우 명쾌하게 설명한다.

민간 철도회사가 회사채를 발행했다고 해 보자. 이런 채권은 현존하는 자본 또는 생산 목적에 제공된 자본을 대표하는 동시에 주식회사의 주식과 같이 자본 소유의 증거로 간주할 수 있다. 그러나 채권이 실제로 자본을 대표하고 발행된 채권액이 실제로 사용된 자본을 초과하지 않을 경우에만 그렇게 간주할 수 있다. 거의 모든 철도회사 등 법인에서 실제로 1달러 가치의 자본을 사용하면서 2, 3, 4, 5달러 심지어는 10달러까지 증서를 발행하였고, 이런 허구적인 금액에 대해 이자 내지 배당을 거의 정기적으로 지급하였다. 회사는 실제로 투입된 자본에 대한 이자를 초과하는 금액을 이렇게 조성하여 나눠 먹었으며 부패 경영진은 막대한 돈을 횡령하고 회계에서 누락시켰다. 이런 돈은 분명히, 자본이 제공하는 서비스가 만들어 낸 사회 총생산에서 지불되는 것이 아니며 따라서 이자가 아니다. 경제학자들처럼 이윤을 이자, 위험 부담에 대한 보험, 기업 관리에 대한 임금이라는 세 가지로 나누어 본다면, 이 돈은 기업 관리에 대한 임금에 속한다. ●

● 헨리 조지 지음,《진보와 빈곤》, 204~205쪽.

헨리 조지의 구절을 마르크스식으로 해석해 보자. 철도회사가 발행한 허구의 금액은 가공자본이며, 실제로 생산에 투입되는 노동시간에 기초하고 있지 않다. 다만 이자나 배당이 정기적으로 지급된다는 사실로부터 가상으로 만들어진 허구의 시간에 지나지 않는다. 그렇게 만들어진 허구의 금액은 결국 경영진의 소득으로 귀속된다. 즉, 생산과 무관하게 "양도 혹은 수탈을 통한 이윤"인 셈이다.

> 요약하자면, 마르크스에게 있어서 자본주의적 이윤의 특징적 유형은 생산에서 노동자들을 착취함으로써 생겨나는 가치의 신선한 흐름이다. 그러나 화폐수입이나 현존하는 화폐량과 관련되며 상업적 혹은 금융적 거래를 통해 누적되는 제로섬 거래에서 생겨나는 "양도 혹은 수탈을 통한 이윤"도 존재한다. ●

동시대를 살았던 반복창의 일확천금을, 김 첨지가 죽어·가는 아내를 눕혀 놓고 서울 시내를 뛰어다니며 벌었던 돈을, 그 노동의 시간과 곧바로 연결 짓기는 쉽지 않다.

그러나 금융 거래를 통한 이윤은 직접적으로는 대부된 자본으로부터 나오지만, 간접적으로는 미래의 잉여가치, 즉 잉여노동시간의 흐름에서 나온다. 요컨대 수많은 김 첨지의 노동시간이 모여 반복창이 얻는 일확천금의 한계를 결정짓는 셈이다. 가공의 시간이 진짜 시간을 지배하는 것은

● Costas Lapavitsas, *Profiting Without Producing: How Finance Exploits Us All*, Verso, 2013, p.145

우리 머릿속에서 그러할 뿐, 실제로는 진짜 시간이 정해 놓은 한계 안에서만 가공의 시간이 작동한다.

> 기능자본가가 얻는 기업가 이득은 자본소유와는 무관한 것처럼 보이고(자본소유는 이미 이자를 통해 수익을 얻는다), 생산과정 내부에서 수행된 기능의 결과로 간주된다. (…)이렇게 되면 기능자본가는 기업가 이득을 자본소유주로서가 아니라 특수한 형태의 **노동자**로서—노동과정을 감독하고 경영하는 데 책임이 있는 노동자—획득하는 셈이다. 착취하는 노동과 착취당하는 노동이 모두 똑같이 노동으로서 간주된다.●

ATM이나 인터넷 뱅킹 화면 앞에서 소비자가 보내는 시간이 금융노동자의 부가가치가 낮은 '허접한' 노동시간을 줄임으로써 더욱 밀도 높은 잉여노동의 시간을 만들어 내듯이, 이미 한번 착취당한 노동력의 흐름을 자기 책임에 맡김으로써 추가로 착취당하게끔 만드는 현상이 생겨난다.

금융정책이 표심에 미치는 영향

2014년 호소카와 모리히로細川護熙 일본 전 총리는 제1 야당인 민주당 추천을 받고 도쿄 도지사 선거에 출마하였다. '탈원전'을 내걸고 선거 운

● 미하일 하인리히 지음, 《새로운 자본 읽기》, 229쪽. 강조는 원문.

동을 하며 고이즈미 준이치로小泉純一郎 전 총리의 지원까지 받았으나, 자민당 후보는 물론 공산당과 사민당이 연합 추천한 후보에게도 뒤쳐져 3위에 머물렀다. 좌파와 우파 모두에게 지고 말았던 것이다.

선거 결과를 하나의 원인만으로 해석할 수는 없을 테지만, 1인당 담세액이 적은 저소득층일수록 확연하게 좌파 혹은 우파 후보를 지원했다는 결과가 매우 흥미롭다. 요컨대 저소득층은 확실한 좌파 혹은 확실한 우파를 지지했다는 뜻이다. 저소득층이 좌파를 지지하는 것은 당연하게 여겨지고, 우파를 지원하는 것은 흔히 '계급 배반'이라 여겨진다. 그러나 경제학자 마츠오 타다스松尾匡의 해석에 따르면, 신자유주의적 구조 개혁을 실행했던 고이즈미, 그리고 이른바 '사업 분류事業仕分け'를 통해 긴축지향 정책을 실시했던 민주당 정권에 대한 반대라는 측면에서 오히려 일관된 투표 행위로 볼 수 있다.●

이렇게 긴축정책, 즉 쉽게 말해 돈이 풀리지 않는 정책에 대한 대중의 본능적 거부감은 때로 진보냐 보수냐 하는 이념 구분을 무의미하게 만든다. 그런데 이는 노동력의 흐름이 자본의 흐름 속으로 끌려 들어감으로써 발생하는 현상이기도 하다. 이렇게 국민국가Nation State의 금융정책은 노동력에도 영향을 미치게 된다. 국제 시장에서 자금을 직접 조달할 수도 있는 대기업에 비해 노동력은 더욱 큰 영향을 받는다.

● 　松尾匡,《この経済政策が民主主義を救う》, 大月書店, 2016, pp.71~75. 2009년 새로 집권한 일본의 민주당 정권은 국가 예산을 투입하는 사업의 공개심의제도를 시행했다. 공개된 장소에 불려 나온 담당자가 해당 사업의 필요성을 추궁당하는 장면이 텔레비전으로 생중계되었다.

자본처럼 노동도 그 존재 조건이 이자율에 의해 결정되기 시작한다. 마찬가지로 국가의 통화정책은 이제 노동의 재생산을 위한 핵심 규제자 역할을 한다. 자본가들이 국제 시장에서 자금에 접근함에 따라, 이제 이 정책은 노동자들의 소비/투자 활동에 타깃을 맞춤으로써 소득 중에서 얼마만큼이 부채를 갚는 데 사용되며 얼마만큼이 소비를 위해 남겨지는가를 결정한다.●

자본의 순환이 원활하게 이루어지기 위해 각 단계에서 여유 자금이 필요한 것처럼, 노동력의 순환을 위해서는, 특히 노동력마저도 금융화하는 단계에서는 시중의 자금 흐름이 순조로울 필요가 있다. 그러므로 국민국가의 경제정책 방향은 노동력의 순환에도 영향을 미치게 된다. 실현 가능성이나 구체적인 메커니즘은 차치하더라도, 영국 노동당의 제러미 코빈Jeremy Corbyn이 '인민을 위한 양적 완화Quantitative Easing for People'를 주장하는 것도 이러한 맥락에서 이해할 수 있다. '헬리콥터 머니'라 불리듯 돈을 찍어 내는 비전통적 통화정책인 양적 완화가 공공 주택이나 사회간접자본에 대한 투자를 늘림으로써 노동력의 순환을 원활하게 해 주리라는 발상인 셈이다.

● Dick Bryan, Randy Martin & Mike Rafferty, "Financialization and Marx: Giving Labor and Capital a Financial Makeover", *Review of Radical Political Economics*, 41(4), p.464.

14

시간이 사라질 때

노동의 소멸

자본주의의 낭만적 기원

낭만적 사랑을 이어 가기 위해서는 그 기원에 관한 신화가 필요하다. 사후에 쓰인 사랑 이야기는 우연한 마주침도 필연적 만남으로 포장하여 기억한다. '필연은 우연을 통해 스스로를 관철한다.'라는 철학적 명제는, 그러므로 사후적으로는 항상 참이다. 이를테면 알랭 드 보통Alain de Botton 의 책들이 많이 읽히는 까닭 중 하나는 어쩌면 그 기원의 신화가 헛된 것임을 낱낱이 밝혀 주기 때문일지도 모른다. 물론 그 '헛됨'에도 불구하고 다시 시작할 수밖에 없다는, 상투적이지만 누구나 듣고 싶어 하는 위안도 따라붙는다. 사회과학과 소설의 닮음은 여기서도 나타난다. 때로는 의도적으로 때로는 매끈한 논리를 완결 짓기 위해 사회과학은 '기원'을 추구한다.●

한 세대 동안 연평균 10퍼센트에 가까운 성장률의 기적을 이룬 한국 경제의 궤적을 설명할 때, 많은 사회과학자가 때로는 자신의 정치적 입장

● 그러나 둘 사이에 차이도 있다. 영원한 악도 영원한 선도 없는 삶의 다면성을 펼쳐 보이는 것이 훌륭한 문학이라면, 그와는 달리 사회과학자들에게 하나의 논리로 모든 것을 꿰뚫는 일이관지(一以貫之)의 유혹을 포기하기란 무척 어려운 일이다.

을 정당화하기 위해, 때로는 자신의 성장 과정에서 겪은 직간접적 경험을 투사함으로써 기적의 기원을 찾아낸다. 철인 독재자나 똑똑한 기업가 등이 우파적 기원이라면, 착취당한 노동자들은 좌파적 기원이다. 명석한 관료나 높은 교육열은 민족주의적 자긍심을 키워 주는 기원이다. 냉전 시대 미국의 지정학적 전략은 성장의 성과를 애써 무시하는 좌파적 기원이 되기도 하고, 그것을 적극적으로 '활용'한 지배 엘리트의 공을 추켜세우는 우파적 기원이 되기도 한다.

원인에서 결과에 이르는 길고도 복잡한 연쇄를 뒤집어 결과에서 하나의 원인으로 소급하여 가는 것, 그것은 마치 술에 취해 헤매며 찾아온 골목길을 역순으로 더듬어, 비록 헤매었으나 그럼에도 그 길로 올 수밖에 없었던 필연의 흔적을 찾아내는 작업과도 같다. 어떠한 결과 X는 A, B, C, D라는 온갖 우연적·필연적 원인이 작용한 결과로 나타난다. 그러나 〈그림 14.1〉의 빨간색 화살표처럼, 결과 X로부터 거슬러 올라가 B라는 원인으로 귀착될 때, A, C, D가 미치는 영향은 (점선이 되어) 시야에서 사라져 버린다. 이제 그렇게 찾아낸 필연성은 하나의 이데올로기가 되어 타인을 설득하는 장치가 되고, 나아가 타인에 대한 지배를 정당화하는 지배 이데올로기로 작동한다.

《자본론》 제1권의 마지막을 장식하는 이른바 "원시적 축적Ursprügliche Akkumulation"●에 관한 장은 자본주의의 낭만적 기원, 즉 능력주의의 기원을 찾는 신화가 허구임을 역사적 자료를 이용하여 파헤친다. 그 신화를 마르크스는 다음과 같이 요약한다.

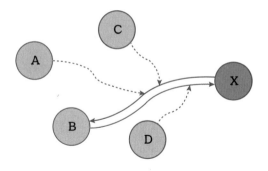

<그림 14.1> 원인 B와 결과 X

A, C, D는 지워지며, X는 B만의 필연적 결과로 해석된다.

아득한 옛날에 한편에는 근면하고 영리하며 특히 절약하는 특출한 사람
이 있었고, 다른 한편에는 게으르고 자기의 모든 것을 탕진해 버리는 불량
배가 있었다는 것이다. 그런데 신학상의 원죄에 관한 전설은 인간이 어떻
게 스스로 이마에 땀을 흘리면서 밥을 얻어먹지 않으면 안 될 운명에 빠지
게 되었는가를 우리에게 이야기해 주고 있지만, 경제학상의 원죄의 역사는
이마에 땀을 흘릴 필요가 전혀 없는 인간들이 어떻게 나타나게 되었는가를
우리에게 밝혀 준다. 이 서로 다른 원죄 이야기는 어찌 되었든, 근면하고
절약하는 사람은 부를 축적했으며 게으른 불량배는 결국 자기 자신의 가죽

● 　마르크스는 "이른바"라는 비하 표현을 썼다. 원시적 축적이란 비록 지금은 아닐지 몰라도
과거의 어느 시점, 즉 기원에 근면성실한 축적이 이루어졌다고 가정하는 셈이다. 그렇지만 마르
크스가 보기에 애초부터 그것은 상상한 현실에 지나지 않는다.

이외에는 아무것도 팔 것이 없게 되었다는 것이다.●

적어도 과거의 어느 시점에서 "근면하고 절약"했음에 틀림없었으리라 간주되는 사람은 노동을, 따라서 시간을 축적한 사람이다. 그렇게 축적된 것으로 여겨지는 시간은 이제 현실의 살아 움직이는 시간을 지배한다. 신분제 사회에서 누군가가 "이마에 땀을 흘릴 필요가 없는" 까닭은 그(녀)의 핏줄 탓이었으나, 자본주의 사회에서는 그(녀) 혹은 선조가 땀 흘려 노력한 덕택인 것이다.

완전 자동화가 이루어지고 노동시간이 사라진다면?

'기원'을 찾아 소유를 정당화하는 작업은 일상적으로 이루어진다. 마르크스가 말한 바, 생산과정에서의 잉여노동 착취보다는 생산과정 밖에서의 수탈이 더 중요한 것처럼 보이게 된다. 가공의 시간이 진짜 시간을 지배하는 가장 비근한 예는 도시 렌트(지대)의 상승이다.

케인스는 유명한 저서 《고용, 이자 및 화폐의 일반이론》의 마지막 부분에서 자본축적이 충분히 이루어지면 금리생활자(Rentier)는 서서히 사라져 갈 것이라고 주장한 바 있다. 이른바 '금리생활자의 안락사'라는 명제다. 자본이

● 카를 마르크스 지음, 김수행 옮김, 《자본론 I-하》, 비봉출판사, 2015, 977~978쪽.

많아지면 그만큼 덜 희소해질 테고 따라서 그 대가로 지불하는 금리도 서서히 하락해서 궁극적으로 0에 가까워질 것이라는 이유에서다. 그렇지만 적어도 지금까지, 적어도 서울에서는 금리생활자는 안락사하지 않았으며, 렌트는 오히려 모든 가격 설정에서 기본적으로 일정 수준은 보장되어야 하는 불변의 상수 역할을 해 왔다.●

처음부터 인간 노동의 산물이 아닌 토지는 농업 생산에서는 천연적인 비옥도에 따라, 도시에서는 갖은 우연이 겹쳐 만들어진 위치Location에 따라 생산과정에서 만들어진 잉여의 일부를 꼬박꼬박 가져간다. 렌트의 규칙적인 흐름은 '자본 환원'의 방법을 통해 자본이 아닌 것을 자본처럼 여겨지도록 만든다. 허구의 시간 혹은 가공의 시간의 탄생이다.●●

그러나 가공의 시간이 과연 진짜 시간의 한계를 돌파할 수 있을까? 가공의 시간이 궁극적으로는 진짜 시간이 설정한 한계를 넘어설 수 없다면? 이 물음과 관련하여 렌트보다 훨씬 더 중요한 현실은, 재화의 생산에 필요한 노동시간이 점점 줄어들어 마침내 0으로 수렴하는 순간이 다가오고 있다는 것이다.

공상과학영화의 상상력을 넘어 마르크스 경제학에서도 이 문제는 오래전부터 논쟁의 대상이었다. 이미 1975년에 에르네스트 만델Ernest Mandel은 과학기술이 극단적으로 발전하여 완전 자동화Full Automation가

● 류동민, 《서울은 어떻게 작동하는가》, 코난북스, 2014, 137~138쪽.
●● 이 책의 〈13장 김 첨지의 '운수 좋은 날'과 반복창의 일확천금〉을 참고하라.

이루어지면 착취 대상인 노동력이 사라져 버리므로 자본주의는 존속할 수 없게 된다고 주장한 바 있다.● 한동안 논쟁의 초점은 노동이 조금이라도 투입되느냐 아니냐, 어디까지를 직접 노동으로 간주하느냐에 맞추어졌다.

정보 기술의 발전에 따라 디지털화한 상품을 생산하기 위해 실제로 노동량이 거의 필요하지 않은 예가 점점 더 많아지고 있다. 일단 개발된 소프트웨어는 거의 공짜에 가까운 비용으로 다시 만들어질 수 있다. 파일에 담긴 전자책은 무한 복제되며 원본과 복사본의 차이조차 사라져 버린다. 단지 공상과학의 주제로만 치부하기 어려운 상황이 전개되고 있는 것이다.

> 정보 상품의 경우에는 사용가치가 투하노동에 반비례하는 경우가 종종 있다. 소프트웨어 같은 것들이 대표적인 예이다. (…)소프트웨어를 개발할 때에는 가장 고급의 기능을 가진 소프트웨어를 먼저 개발하고 나서 추가적으로 노동을 투입하여 기능이 낮은 소프트웨어를 개발하는 경우가 종종 있다. 있는 기능을 삭제하는 것이 없는 기능을 추가하는 것보다 훨씬 용이하기 때문이다. 이런 경우에는 노동이 더 많이 투하된 제품이 사용가치가 더 낮고, 따라서 가격도 더 싸게 된다.●●

● E. Mandel, *Late Capitalism*, New Left Books, 1975. 류동민, 〈마르크스 가치론의 논리구조와 현대적 의미〉, 《마르크스의 방법론과 가치론》, 한울, 2000, 100~101쪽에서 재인용.

●● 강남훈, 《정보혁명의 정치경제학》, 문화과학사, 2002, 72쪽.

베스트셀러 미시 경제학 교과서의 저자였으며 아카데미즘을 떠나 구글의 수석 이코노미스트가 된 할 베리언Hal Varian은 이러한 새로운 현상을 가격 차별이라는 방식으로 타개해 나갈 것을 주장한다.●

가격 차별은 요컨대 소비자를 그룹별로 분리하여 가격을 달리 매기는 전략인데, 전통적인 경제학 교과서에서는 독점력을 가진 기업이 시장을 지배함으로써 추가적인 이윤을 얻는 행위로 설명한다. 그러나 베리언은 가격 차별이 시장을 확대하고 소비를 늘림으로써 결국에는 소비자에게도 이득이 된다는 논리를 제시한다. 설사 정보 상품을 생산하는 데 노동이 필요 없어져서 가격을 매길 이유가 사라진다 해도 기업은 여전히 독점력을 이용해 이윤을 얻을 수 있으며 더욱이 그것은 소비자에게, 그러므로 사회 전체적으로도 이익이라는 주장이다.●●

사실 자본주의의 발전 과정을 여러 가지 방식으로 묘사할 수 있겠지만, 그중 하나는 '외부성의 내부화' 과정으로 개념화하는 것이다. 시장의 바깥에 존재하는 대상물이나 활동을 끊임없이 시장 안으로 끌어들인다는 뜻이다. 그 대상에는 깨끗한 공기나 물, 돌봄노동 같은 것들뿐만 아니라 좋은 인간관계에서 나오는 친밀한 분위기처럼 사적인 영역에서만 얻어질 수 있는 것들까지 포함된다.

● Carl Shapiro & Hal Varian, *Information Rules: Strategic Guide to the Network Economy*, Harvard Business School Press, 1999.

●● 물론 예의 완전 자동화 논쟁으로 돌아가면 여전히 문제는 남는다. 정보 상품뿐만 아니라 모든 상품의 생산에 노동이 필요 없어지는 극단적 순간이 온다면, 노동자는 어떻게 돈을 벌어 소비를 할 수 있을 것인가?

20세기 초반의 마르크스주의자인 로자 룩셈부르크Rosa Luxemburg는 자본주의가 팽창하여 지구 전체를 시장화하고 나면 더 이상 발전의 여지가 없어질 것이라는, 일종의 자본주의 자동 붕괴론을 주장한 바 있다. 그러나 그녀의 기대와 달리, 자본주의는 끊임없는 내부화를 통해 단지 연명 차원을 넘어 눈부시게 성장했다. 긴밀한 사적 영역으로 간주되던 부분에까지 시장이 침투한 것이다. 신랄한 유머를 갖춘 다음의 서술은 이 문제를 지적한다.

> 초기 자본주의가 사람들을 공장에 강제로 밀어 넣었을 때, 체제는 비시장적 생활방식의 상당 부분을 심각한 범죄로 바꿔야 했다. 당시에는 실업자가 된 사람을 부랑자로 취급해서 체포했다. 선조들이 늘 하던 대로 밀렵을 통해 새를 잡으면 교수형 감이었다. 오늘날 이것과 비슷한 현상은 단순히 일상생활의 구석구석에 상업적 요소를 도입하는 것만이 아니라 상업화에 저항하는 행위를 범죄로 규정하는 것이다. 자본주의 사회는 19세기에 밀렵꾼들을 대했던 것처럼 돈을 받지 않고 서로 키스하는 사람들을 범죄자 취급해야 한다. 그런데 그것은 불가능한 일이다.●

적어도 가까운 미래에 공짜로 키스하는 사람들을 단속하는 세상이 올 것 같지는 않다. 그러나 '그것은 불가능하다.'라고 단언하기는 이르다. '늘 그러하였으므로 앞으로도 그러할 것이다.'라고 말하는 것 또한 지나

● 폴 메이슨 지음, 안진이 옮김, 《포스트자본주의 새로운 시작》, 더퀘스트, 2017, 301~302쪽.

친 단언이다. 요컨대 노동시간이 사라질 때 무슨 일이 일어날지, 어떤 세상이 전개될지는 결국 우리가 어떻게 하는가에 달려 있다.

산 자를 잡는 죽은 자, 지적재산권

만약 모든 상품의 가치가 궁극적으로 0으로 수렴한다면, 독점력 이외에 가격의 논리적 근거는 사라진다. 주류 경제학자인 베리언과 달리, 여전히 정통적인 포지션을 취하는 마르크스주의자들이 자본주의의 위기를 말하는 것도 이 지점이다. 무엇보다도 이윤이 잉여노동에서 나온다는 입장을 취한다면, 노동 자체의 소멸은 시스템 전체의 이윤을 사라지게 만들 것이며, 정의상 이윤이 사라진 자본주의는 성립할 수 없기 때문이다.

자본주의 사회가 이전의 노예제 사회나 봉건제 사회와 다른 점은 피지배 계급의 잉여노동이 눈에 보이는 물리력이 아니라 '일하든가 굶어 죽든가.'라는 경제적 강제에 기초하고 있다는 것이다. 그런데 만약 상품 가격이 점점 더 지적재산권 같은 경제외적 강제에 기초해 정해진다면, 자본주의를 정의하는 요인 자체가 변하게 된다. 그러나 애초에 노동시간의 사회화 그 자체가 권력의 산물*이라는 점을 기억한다면, 이러한 변화에 지나치게 큰 의미를 부여할 필요는 없다고 주장할 수도 있다.

경제적 강제가 경제외적 강제로 전환하는 것일까? 아니면, 경제외적

●   이 책의 〈3장 병 속에 갇힌 시간〉을 참고하라.

강제가 경제적 강제를 촉진하는 것일까? 여기서 결론을 내릴 수는 없지만, 분명한 것은 다시금 이데올로기의 역할이 중요해진다는 점이다. '공짜 키스가 도둑질'이라는 익살은 키스를 소프트웨어나 지식으로 바꿔 놓고 보면 블랙 유머가 된다. 지적재산권은 오랫동안 상품이 아니던 지식을 어엿한 상품, 나아가 가장 많은 이윤을 가져다주는 상품으로 바꿔 놓았다.

투하노동이 더 많으면 오히려 사용가치가 덜해지는 상황도 이른바 상품화비용●으로 설명할 수 있다. 지적재산권을 확립하고 집행하는 비용은 대표적 상품화비용이다. 당초에 자본주의가 노동력이라는 "허구적 상품"●●을 상품으로 만드는 데 기초한 체제라는 점에서, 지적재산권의 등장은 자본주의의 정의를 극한까지 밀어붙인 결과라고 할 수 있다. 지적재산권을 실용주의적으로 이해하는 가장 표준적인 방식은 다음과 같다.

> 결국 현실적으로 중요한 것은 지적 소유권 보호가 좋으냐 나쁘냐 하는 것이 아니다. 중요한 것은 새로운 지식을 만들어 낼 수 있도록 사람들을 격려해야 할 필요성과, 지적 소유권으로 인한 독점 때문에 빚어지는 손실이 새로운 지식이 가져오는 이익을 넘어서지 않도록 보장해야 할 필요성 사이에서 어떻게 균형을 잡아야 하느냐는 것이다.●●●

● 　강남훈, 《정보혁명의 정치경제학》, 27~32쪽.

●● 　칼 폴라니 지음, 홍기빈 옮김, 《거대한 전환》, 길, 2009.

●●● 장하준 지음, 이순희 옮김, 《나쁜 사마리아인들》, 부키, 2014, 243쪽.

장하준의 주장을 마르크스 경제학의 눈으로 읽는다면, 지적재산권 (혹은 그 무엇이건 간에 상품이 아닌 것을 상품으로 만드는 제도나 사회적 강제)은 모종의 적정 수준을 넘어설 때 자본주의 체제 자체의 역동성을 깨뜨리는 역할을 수행한다. 자본주의 체제의 역동성 상실은, 비록 마르크스주의자들처럼 자본주의의 치명적 위기로까지 연결 짓지 않는다 하더라도, 우리가 지금까지 알던 모습과는 다르게 자본주의가 변화할 가능성을 암시한다.

마르크스는 《자본론》 제1권 초판 서문에서 자본주의 이전의 낡은 사회관계 때문에 겪는 고통을 "죽은 자가 산 자를 잡는다."●라고 표현했다. 상상된 과거가 현재를 지배하도록 만든다는 점에서 원시적 축적이라는 능력주의의 기원에 관한 신화는 바로 "산 자를 잡는 죽은 자"이기도 하다. 그것이 통시적인 문제라면, 다른 한편에서 노동시간이 사라질 때 '노동이 아닌 것'이 우리 삶을 지배하는 일은 공시적으로 이루어진다. 허구와 가공의 시간이 진짜 시간을 사로잡을 때, 그리고 그것을 뒷받침하기 위해 지적재산권 같은 경제외적 강제가 필요할 때, 우리의 노동시간은 어떻게 될 것인가? 시간주권을 되찾고 '자본의 시간'으로부터 '노동의 시간'의 자율성을 지켜 내야 한다는 우리의 과제는 새로운 어려움에 부딪히게 된다.

● "우리는 살아 있는 것 때문만이 아니라 죽은 것 때문에도 고통을 받고 있다. 죽은 것이 살아 있는 사람을 괴롭히고 있다!(Le mort saisit le vif!)" 카를 마르크스 지음, 《자본론 I-상》, 5쪽.

15

'필연의 왕국'에서
'자유의 왕국'으로
시간의 노예에서 벗어나기

기본소득에 걸린 이중 혐의

기본소득은 일을 하건 하지 않건, 재산이 많건 적건 간에 일정한 크기의 현금을 정기적으로 지급하자는 제안이다. 개인적으로는 유럽 일각에서 사용한다는 시민소득Citizen's Income이 제안의 본질을 훨씬 잘 설명하는 매력적인 이름이라 생각한다. 시민이라면 누구나 일정 수준의 역량, 즉 자기가 하고 싶은 일을 할 수 있는 능력을 부여받도록 요구할 권리가 있으며, 사회는 그 역량의 현실적 기초를 보장해 줄 의무가 있다는 뜻이다. 이를테면 아무리 가난한 소녀라도 깔창을 생리대로 써서는 안 된다는 분노와 연민에 기초한 공감이 제도로 발전하면 생리대를 무료로 공급하기로 결정한 뉴욕 시의 정책이 된다. 인간이 최소한의 자존감을 유지하면서 꼭 하고 싶은 일을 할 수 있게 만들어 주어야 한다는 철학의 초보적인 표현이 기본소득이다.●

기본소득은 보수 세력으로부터는 사회주의적 발상으로 여겨지지만, 막상 정통 마르크스주의자들로부터는 '자본주의의 모순을 근본적으로 해결하지 못하는 개량주의적 정책'이라 비판받는다. 시간-돈-노동으로

●　류동민, 〈기본소득과 개·돼지 사이〉, 《경향신문》 2016년 7월 14일.

이어지는 이중의 메타포에 자그마한 균열이나마 만들어 낸다는 점에서 기본소득은 자본주의 체제에 이질적 요소를 들여오는 정책이며, 순수 무결한 자본주의에 약간의 불순물조차 용납할 수 없다는 완고한 입장에서 본다면 어쨌거나 좌파적 의제라 할 수 있다.

이렇게 좌파 혐의를 지닌 기본소득이 부각된 데는 인공지능의 발전에 따라 인간의 일자리가 사라지리라는 두려움이 현실화하고 있다는 요인이 작용한다. 기본소득을 사회주의, 혹은 모종의 자본주의 이후의 사회(포스트자본주의)와 연결 짓는 것도 하나의 흐름이 되었다. 폴 메이슨Paul Mason은 다름 아닌 마르크스의 노동가치론으로부터 논의의 실마리를 끌어낸다.

> 마르크스가 처음 틀을 잡았던 노동가치설에 따르면, 자동화로 필요노동이 크게 감소하면 노동은 필수가 아닌 선택이 될 수 있다. 인간의 노동을 소량만 투입해도 만들어 낼 수 있는 유용한 상품은 결국 무료가 되고, 나아가 공적 소유가 된다는 주장이다. 맞는 말이다.●

폴 메이슨의 주장은 완전 자동화가 이루어진다면 자본주의적 착취도 소멸하므로 결국 자본주의도 사라질 것이라던 오래된 주장의 새로운 버전인 셈이다. 그의 논리를 계속 따라가 보자.

● 　폴 메이슨 지음,《포스트자본주의 새로운 시작》, 284쪽.

보편적 기본소득은 (…)포스트자본주의 프로젝트의 첫 단계를 위한 과도적 조치일 뿐이다. (…)궁극적인 목표는 인류에게 필요한 상품을 생산하는 데 필요한 노동시간을 최소화하는 것이다. 노동시간이 최소로 줄어들면 경제에서 시장 부분에 과세 기반이 너무 작아져서 기본소득을 지급할 여력이 없어질 것이다. 임금은 시간이 갈수록 사회적인 성격을 띠거나(협력적으로 제공되는 서비스의 형태) 아예 사라진다. (…)따라서 포스트자본주의적인 방편으로서의 기본소득은 인류 역사의 모든 복지 제도 가운데 그것이 0에 가까워져야 성공으로 평가될 최초의 제도다.●

그러나 논리적으로 가능한 일이 항상 현실이 된다는 보장은 전혀 없다. 마르크스의 가장 중요한 명제 중 하나가 인간의 역사는 계급투쟁의 역사라는 것이라면, 기술적으로 노동시간이 필요 없어진 상황에서도 기존 시스템을 유지하려는 기득권층의 저항은 지속될 것이다. 그러므로 보편적 기본소득이 소멸되더라도 유토피아가 우리를 기다리고 있지는 않다. 현실에서는 기본소득의 도입 그 자체부터 정치적 저항에 부딪히고 있다.

자본이 을이 되는 지점

자본주의 시장경제에서 노동을 거부하자는 주장은 이미 오래전부터

● 폴 메이슨 지음,《포스트자본주의 새로운 시작》, 475~476쪽.

있어 왔다.● 최근의 주장 중에서 꽤 정교한 것으로는 가라타니 고진의 노동력 판매 거부 전략을 들 수 있다.

> 근대 자본주의는 노동력 상품이 만든 상품을 노동자 자신이 사게 하는 시스템입니다. 그리고 거기에서 생기는 차액(잉여가치)에 의해 자본은 자기 증식합니다. 산업 자본의 획기성은 노동력이라는 상품이 생산한 상품을 노동자가 그들의 노동력 상품을 재생산하기 위해 다시 산다는 오토포이에시스(Autopoiesis)적인 시스템을 형성했다는 점에 있습니다.●●

오토포이에시스란 시스템이 스스로를 구성하고 만들어 낸다는 뜻이다. 일찍이 칼레츠키는 자본주의 경제에서 "자본가는 스스로 지출한 것을 벌어들인다Capitalists earn what they spend."라는 원리를 제시한 바 있다. 자본가들 스스로 이윤을 얼마큼 벌어들일지 결정할 수는 없다. 그러나 이들이 이윤 중 얼마나 투자할지를 결정함으로써 궁극적으로는 경제 전체의 이윤과 소득 수준이 결정된다. 물론 개별 자본가가 지출한 만큼 항상 번다는 보장은 없다. 하지만 자본가 집단 전체로 보면 투자라는 지출을 통해 이윤을 벌어들인 셈이 된다. 이것이 바로 오토포이에시스의 원리다.

그러므로 가라타니 고진은 자본이 갑이 아니라 을이 되는 지점을 공략해야 한다고 주장한다. 도대체 자본은 언제 을이 되는가? 노동력 상품

● 마르크스의 사위인 폴 라파르그(Paul Lafargue)가 주장한 '게으를 권리'는 그중 하나다.
●● 가라타니 고진 지음, 조영일 옮김, 《정치를 말하다》, 도서출판b, 2010, 89쪽.

<그림 15.1> 오토포이에시스 원리
자본은 노동력으로 하여금 스스로의 생산물을 구입하게 만든다.

을 사려 할 때, 즉 일손을 구할 때, 그리고 생산한 상품을 노동자들에게 판매할 때다. 해서 자본에 노동력 팔기를 거부하고 자본이 생산한 상품을 구입하려 하지 않을 때, 노동자는 비로소 을의 지위에서 벗어나 주도권을 쥘 수 있으며 심지어 '가능한 코뮤니즘'의 길이 열린다는 것이다. 요컨대 노동력의 흐름을 자본의 흐름으로부터 완전히 떼어 놓자는 전략이다. 물론 그것이 가능하려면 노동력이 자본을 떠나더라도 살 수 있는 공간, 이를테면 비자본주의 방식으로 운영되는 생산 및 소비 협동조합이 필요하다.

자본을 떠나자는 주장을 글자 그대로 받아들인다면, 근대성의 중요한 축인 해방의 근대성을 얻기 위해 또 하나의 축인 기술의 근대성을 버리자는 걸까? 자본주의가 가져온 엄청난 생산력 발전과 소비 물량을 협동조합의 생산과 소비로 얼마나 대체할 수 있을까? 자본은 그저 앉아서 당하기만 할까? 모든 단체 행동에 따라오는 죄수의 딜레마, 즉 다 같이 행동하면 성공하지만 혼자서 행동하면 나만 피해를 입기 때문에 결국 그 누구도 선뜻 나서지 못하는 문제를 어떻게 극복할 것인가? 진지하게 고민해야 할 문제는 하나둘이 아니다. 그러나 이 맥락에서 '노동 자체가 아예 필요하지 않게 될 때 과연 노동력 판매 거부 전략은 유효할까?'라는 결정적 물음을 던질 수도 있다. "노동자에게 있어 착취당하는 것보다 더 비참한 상태는 착취해 줄 상대를 찾지 못할 때뿐이다."라는 조앤 로빈슨의 시니컬한 지적은 그 어느 때보다도 타당하다. 이때에 노동 거부의 위력은 사라져 버린다.

다시금 '자본주의 시스템의 목적은 무엇인가?'라는 기본 물음으로 돌아가자. 다양한 주체로 이루어진 시스템이 과연 어떤 단일한 목적을 갖고 움직이는지는 분명하지 않다. 그럼에도 자본주의가 그 정의상 자본이 주도권을 지닌 경제라면, 시스템의 목적은 자본(가)의 목적에 가장 가까운 방향으로 움직이는 데에 있을 것이다. 그런데 자본의 목적은 노동을 최소화하는 데에 있지 않다. 만약 이윤 추구에 장해가 된다면 자본은 오히려 노동을 늘리려 할 수도 있다. 기본소득이 우파적 의제가 될 수도 있는 지점이 바로 여기다. 생산한 상품의 판매를 위한 시장 확보에 도움이 된다면, 자본이 굳이 기본소득에 반대할 까닭은 없다. 오히려 "대중이 소비할 수 있는 소득을 분배해 주고 그들의 생활에서 나오는 미시적 부불노동Unpaid Labor을 착취하며 자본관계를 지속"●하리라는 예측도 충분히 가능하다. 노동시간이 삶의 시간 속으로 스며드는 현상은 이미 충분히 진전되어 있다. 시간의 가분성이라는 메타포는 틀림없이 더욱 강화될 것이다.

● 이진경, 〈인공지능 이후의 자본의 축적체제〉, 《사회경제평론》 제30권 2호, 한국사회경제학회, 2017, 74쪽.

노동력은 일할 수 있는 능력일 뿐만 아니라 소비할 수 있는 능력이기도 하다는 것, 즉 노동이 줄면 시장도 줄어든다는 자본주의 고유의 딜레마는 항상 존재한다. 신자유주의는 노동력의 금융화 등 갖은 기법으로 이를 타개하려 했으나 본질적인 해결은 하지 못했다. 불평등과 불안정성의 고조는 그러한 해결책이 지속 가능하지 않음을 증명했다. 물론 필연적 역사 법칙의 존재를 받아들이지 않는 한, 자본의 입장에서 새로운 해결책이 나온다고도 안 나온다고도 확언할 수는 없다. 즉, 현실의 역학이 어떤 방향으로 작용할지를 확정적으로 예측하는 일은 불가능하다. 예를 들어 존 스튜어트 밀John Stuart Mill이나 존 메이너드 케인스John Maynard Keynes는 "경제가 충분히 성장하고 나면 사람들이 물질적 욕망으로부터 자유로워지는 시기가 오리라."라는 낭만적 생각을 피력한 적도 있다. 맥락은 다르지만 마르크스 또한 자본주의가 끝난 뒤 궁극의 도달점은 "각자 능력에 따라 일하고 필요에 따라 분배받는 사회"라고 선언한 바 있다. 그러나 현실에 존재하는 지배-피지배 관계는 이러한 낙관이 쉽게 관철될 수 없도록 만든다.

필연의 왕국에서 자유의 왕국으로

이제 개인적 삶의 영역으로 가 보자. 노동력은 점점 사소하고 판에 박힌 일을 하는 다수의 노동자와 '창조적인' 일을 하는 소수의 노동자로 위계가 재편된다. 인공지능의 발전이 노동의 미래에 우울함을 안겨 주는 이유는 아마도 후자에 속하는 노동마저도 급속하게 사라지거나 전자에 속하는 노동으로 등급이 떨어지리라는 예측 때문일 것이다.

노동력이 정상적으로 재생산된다는 개념 안에는 제대로 먹고 마심으로써 육체적 능력을 유지한다는 의미뿐만 아니라 훨씬 더 넓은 의미의 정신적 재생산이 들어가 있다. 마르크스는 이를 "도덕적 요소Moralische Element"라고 불렀다. 최근의 어느 마르크스 경제학 연구에서는 "창조적 노동Creative Labor"은 환상일 뿐이라고 지적하면서, 노동력의 도덕적 자질을 다음과 같이 정의한다.

> 노동력의 도덕적 자질이란 "노동자들이 어떤 종류의 사용가치를 생산할 때건 항상 작동"해야 하는 특정한 형태의 의식, 자기 이해, 태도 및 기질 등의 총체를 의미한다. ●

산업 혁명으로 성립된 공장제 시스템에서 노동자에게 요구하는 도덕적 자질은, 이를테면 시간 약속을 잘 지키고 지겨움을 참아 내며 타인과 협동하는 능력 등이다. 그러나 이른바 창조적 노동자에게 요구되는 도덕적 자질은 다소 다르다.●● 창조적 노동이 환상이라 주장하는 까닭은 개인적 자유를 기본으로 하면서 동시에 자본의 비인격적 힘Impersonal Power에 객관적으로 종속된다는, 얼핏 보기에는 모순적인 두 가지가 공존하는 현

● Guido Starosta & Alejandro Fritzsimons, "Rethinking the Determination of the Value of Labor Power", *Review of Radical Political Economics*, 2017, p.11.

실 때문이다.

마르크스가 말한 "필연의 왕국"과 "자유의 왕국"을 이러한 맥락에서 해석해 볼 수도 있다.

> 자유의 영역은 궁핍과 외부적인 편의가 결정하는 노동이 끝장나는 곳에서 비로소 진정으로 시작되며, 따라서 그 본성상 현실적인 물질적 생산의 영역을 넘어서서 존재한다. (…)문명인의 발전에 따라 욕구들도 확대되기 때문에 이 자연적 필연의 영역이 확대된다. (…)이 영역을 넘어서야만 진정한 자유의 영역—즉 인간의 힘을 목적 그 자체로서 발전시키는 것—이 시작된다. 자유의 영역은 필연의 영역을 그 토대로 해야만 개화될 수 있다. 노동일의 단축은 그 기본적인 전제조건이다. ●●●

필연의 왕국에 사는 인간은 친족 공동체이건 회사이건 간에 자신이 속한 조직에 묶인 채 벗어날 수 없다. 조직은 인간의 자율성을 제약하지만, 한편으로는 점점 커지는 인간의 욕망을 충족시켜 주기도 한다. 그러므

●● 이른바 지식 기반 생산에 투입되는 노동력은 익스트림 스포츠나 오지 여행 등의 소비 패턴과 정합적이라는 주장이 있다. Guido Starosta & Alejandro Fritzsimons, "Rethinking the Determination of the Value of Labor Power", p.11. 그 못지않게 중요한 것은, 그러한 활동들이 개인의 자유 의지가 확장되는 느낌을 준다는 측면이다. 패키지 여행 상품보다는 스스로 정보를 조사하여 찾아다니는 여행이 더 높은 성취감을 준다는 사실을 떠올려 보라.

●●● 카를 마르크스 지음, 김수행 옮김, 《자본론 Ⅲ-하》, 비봉출판사, 2015, 1040~1041쪽. "필연의 영역", "자유의 영역"이라고 번역한 《자본론 Ⅲ-하》와 달리 "필연의 왕국(Reich der Notwendigkeit)"과 "자유의 왕국(Reich der Freiheit)"이라는 번역어가 관행으로 사용되어 왔다.

로 조직이 규정하는 틀에서 벗어날 때 얻는 자유는 결핍을 대가로 한다. 반면 자유의 왕국에서 개인의 자율적 발전은 조직의 발전을 위한 전제 조건이 된다. 당연하게도 마르크스가 자유의 왕국을 말할 때 염두에 두는 것은, 공산주의라 부르건 혹은 자유로운 개인들의 연합Association이라 부르건 간에, 자본주의를 극복한 모종의 새로운 사회다. 자유의 왕국으로 가기 위한 전제 조건이 노동시간의 단축이라는 점은 마르크스가 살았던 19세기 사회상을 반영한다. 물론 장시간 노동이 19세기만의 일은 아니며 지금 여기서도 끊임없이 일어나고 있는 현상임에는 틀림없다. 그러나 기술 발전으로 말미암아 노동시간의 단축이 어쩔 수 없는 경향으로 자리 잡는다 하더라도 그 시간을 질적으로 통제하는 문제는 여전히, 아니 오히려 더 중요해진다. 그러므로 노동시간의 양적 단축을 넘어서 질적 통제와 관련하여 노동자의 자율성을 찾아나가는 일이야말로 자유의 왕국으로 넘어가는 핵심 조건일 것이다.

여기가 로두스 섬이다
자, 여기서 뛰어 보라!

이제 '시간은 어떻게 돈이 되었는가?'라는 제목으로 더듬어 온 이야기의 줄거리를 요약해 보자.

경제생활의 주체는 인간이고 객체는 인간에게 유용함을 가져다주는 것들, 재화나 서비스라 불리는 것들이다. 자본주의 시장경제에서 재화와 서비스는 압도적으로 상품이라는 형태를 띠게 된다. 객체인 상품은 주체인 인간이 생산하는 것이지만, 그 과정에서 주체 또한 특정한 방식으로 만들어진다. 상품을 생산하는 데 시간이 걸린다는 자명한 사실로부터 '시간'은 아껴야 할 대상이면서 동시에 인간의 삶을 지배하는 조건이다.

우리 삶은 그 자체로 개별적이다. 그것을 드러냄으로써 보편적으로 만드는 것, 요컨대 개별이 보편으로 바뀌기 위해서는 먼저 재현이 필요하며, 그것을 받아들이기 위해서는 공감이나 인정을 통한 사회화 과정이 필요하다. 개별이 보편으로 바뀌는 과정은 다른 한편에서는 구체적인 것이 추상적인 것으로 바뀌는 과정이기도 하다. 구체적으로 다가오는 개별적 실존의 시간은 추상적이고 보편적인 시간이 된다. 구체와 개별이 지워지고 추상과 보편만이 남을 때, 비로소 시간의 물질화는 완성된다. 자본주의 사회에서 물질화된 시간을 상징하는 것이 바로 돈(화폐)이다. 돈은 그 자체로 시간이면서 일(노동)이 된다. 일을 한다는 것은 시간을 쓰는 것이며, 자본주의 시장경제에서는 돈을 번다는 것과 같은 뜻이다.

그러나 추상적이고 보편적인 것으로 간주되는 시간의 배후에서도 시간을 둘러싼 싸움은 지속된다. 개인 차원에서 자본의 시간은 끊임없이 삶의 시간 속으로 파고든다. 자본은 고용한 노동자의 시간을 점점 더 밀도 있는 것으로 만들고자 밀어붙인다. 구체적이고 개별적인 노동시간은 자본의 인정을 받고서야 비로소 온전한 시간이 된다. 사회 전체 수준에서도 자본의 시간이 원하는 것과 사회의 시간이 바라는 것은 달라진다. 자본의 이익에 도움이 되지 않는 시간은 불필요한 잉여로 간주된다. 더 중요하게는 자본이 인정하는 시간만이 돈과 권력을 부여받는 시간이 된다.

인간이 지닌 노동력의 흐름을 자본의 흐름 속으로 끌어들임으로써, 더 나아가 노동력을 자본으로 은유함으로써, 시간은 얼마든지 잘게 쪼개지고 심지어 순서까지 뒤바뀔 수 있다고 여겨진다. 금융의 발전은 이러한 경향을 가속화한다. 돈은 시간에 담겨 있는 모든 개별과 구체의 흔적을 지워 버리기 때문이다. 그리하여 가상적인 허구의 시간은 우리 삶을 구성하는 진짜 시간을 지배하기에 이른다.

자본주의 사회에서 시간은 낭만주의 시구에서처럼 누구에게나 똑같이 다가오는 제약 조건이 아니다. 서로 다른 시간들이 서로 다른 주체들에게 부과되는 것이다. 시간의 노예에서 벗어나는 길은 그러므로 자본주의가 우리에게 없는 구조적 강제를 넘어서기를 요구한다. 그것은 단 한 번의 혁명적인 변화를 통해 가능하지 않으며 끊임없는 노력을 필요로 하는 민주주의 일반의 확장 과정이다.

'21세기 사회주의'를 주장하는 이스트번 메자로스István Mészáros는 다음과 같이 말한다.

> 그들[지배 질서 옹호자]에게 시간은 **영원한 현재**라는 한 차원만을 가지고 있을 따름이었다. 그들에게 과거는 현재를 후방으로 투사한 것에 불과했고 확립된 현재의 맹목적인 정당화일 뿐이었다. 그리고 미래는 지금 여기 존재하는 '자연 질서'(…)의 자기모순적으로 영원한 연장일 뿐이었다. 이러한 시간관은 "대안은 없다"라는 끝없이 반복되고 분별없는 반동적인 언명으로 압축된다. 그리고 곤란하게도, 이 말에 미래가 압축되어 있다고 잘못 여겨진다.●

사회주의에서 떠오르는 급진적 이미지를 걸러 내고 읽으면, 메자로스의 글은 시간을 영원히 현재로 귀착시키는 것, 그러한 철학적 태도가 현존하는 지배 질서를 정당화하는 역할을 불가피하게 수행할 수밖에 없음을 날카롭게 지적하고 있다. 그렇다면 그 반대로 과거와 현재, 미래 사이의 질적 차이, 나아가 현존하는 시간들의 다양성을 인정하는 것, 자본의

● 이스트번 메자로스 지음, 전태일을 따르는 민주노동연구소 옮김, 《역사적 시간의 도전과 책무》, 한울, 2017, 35쪽. 강조는 원문.

시간에 맞서 노동력의 시간을, 이윤의 시간에 맞서 사회적 시간을 확보하는 것이야말로 지배 질서를 깨고 나아가기 위한 방법론적 태도일 것이다.

미시적으로는 노동의 자율성을 회복하는 것, 즉 내 삶의 시간을 스스로 설계하고 사용할 권리인 시간주권을 확장하는 것, 그리고 거시적으로는 인간에게 필요한 재화를 생산하기 위한 노동의 최소화를 통해 해방적 삶의 조건을 만들어 나가는 것, 두 과제는 자주 긴장 관계에 놓인다. 먼저 생산력의 발전이 재화를 만드는 데 필요한 노동시간을 줄인다고 해서 저절로 시간주권이 확보되지는 않는다. 다음으로 노동시간의 주권을 확장하는 것은, 적어도 지금까지의 자본주의 시스템에서는 노동시간의 최소화를 위한 중요한 전제인 경제성장으로 귀결된다는 보장이 없다.

두 과제가 새로운 사회 시스템에서 조화롭게 달성될 수 있다고 보았다는 의미에서 마르크스는 인간의 미래를 낙관했다. 마르크스처럼 역사적인 체제 전환까지는 아니더라도, 노동자가 기업을 직접 소유하고 경영하는 '민주적 기업Democratic Firm'의 지속 가능성을 모색하는 학자들도 있다. 그렇지만 자본가 계급의 철폐와 노동자 계급의 국가를 선언했던 20세기 사회주의 국가들의 경험에서 확인할 수 있듯이, 민주적 기업은 제도 변화나 정치 변혁을 거쳐 단숨에 달성 가능한 불가역적 과정이 결코 아니다. 끊임없이 가까워지기 위해 노력해야 하는 목표이자 원칙인 것이다.

추상적으로 표현하면, 권력과 시간의 연결 고리를 깨는 일이야말로 가장 중요한 과제다. 예를 들면, 양극화 문제의 본질은 결과로서의 소득이나 재산 분배만이 아니라 그 근원에 놓인 '말할 수 있는 권리의 양극화'에 놓여 있다. 기본소득은 소득과 노동시간 사이의 연결 고리를 끊어 놓는 대신 소득과 삶의 시간 사이의 연결 고리를 만드는 부분적 시도일 수 있다. 그러나 권력관계가 여전히 작동하는 상황에서 그러한 시도가 전면적으로 확장되기는 쉽지 않다. 소득 계층의 가장 윗부분에서 이미 오래전부터 일어나고 있는 소득과 노동시간의 모호하면서도 의심스러운 연계를 선언하고 유지해 온 것은 바로 권력이기 때문이다.

정치권력의 불평등한 배분을 평등하게 바꾸기 위한 노력의 역사가 정치적 민주주의의 역사였다면, 이제 그것은 경제 영역으로도 확장되어야 한다. 정치 영역과 경제 영역은 독립된 별개의 것이 아니다. 마찬가지로 노동시간의 영역과 삶의 시간의 영역도 떨어져 있지 않다. 노동시간의 타율성과 삶의 시간의 자율성이라는 조합은 결코 지속 가능하지 않다. 그저 돈이라는 물신을 매개로 자율성이라는 환상을 좇는 것일 따름이다.

산업 혁명이나 포드주의 시대가 극도의 긴장된 노동을 돈으로 보상하는 시스템을 구축하기 위한 과정이었다면, 이제 추구해야 할 것은 그 메타포 자체를 깨는 일이다. 이는 그야말로 불가능한 꿈일지도 모른다. 그렇지만 모순적으로 보이는 삶의 조건들을 지양하기 위해 끊임없이 노력하는 것, 그 모순들에 끊임없이 저항하는 것, 근원적인 시간의 제약 속에서 살아갈 수밖에 없는 우리에게 주어진 돌파구도 그뿐일 것이다.

숨 차게 달려온 긴 글을 마르크스의 인용으로 맺고자 한다. "여기가 로두스 섬이다. 자, 여기서 뛰어 보라!"●

● 카를 마르크스 지음, 《자본론 I-상》, 219쪽. 로두스 섬에서라면 잘 뛸 수 있다고 주장하는 이에게 여기가 로두스 섬이라고 생각하고 뛰어 보라 했다는 우화에서 나온 말이다.

참고 문헌

단행본

B. 스피노자 지음, 황태연 옮김, 《에티카》, 피앤비, 2011.

가라타니 고진 지음, 조영일 옮김, 《정치를 말하다》, 도서출판b, 2010.

강남훈, 《정보혁명의 정치경제학》, 문화과학사, 2002.

강내희, 《신자유주의 금융화와 문화정치경제》, 문화과학, 2014.

강수돌, 《자본주의와 노사관계》, 한울, 2014.

게오르크 지멜 지음, 김덕영 옮김, 《돈이란 무엇인가》, 길, 2014.

김훈, 《라면을 끓이며》, 문학동네, 2015.

노동시간센터 기획, 전주희 외 지음, 《우리는 왜 이런 시간을 견디고 있는가》, 코난북스, 2015.

데이비드 하비 지음, 강신준 옮김, 《데이비드 하비의 맑스 〈자본〉 강의 2》, 창비, 2016.

레프 톨스토이 지음, 연진희 옮김, 《안나 카레니나 2》, 민음사, 2009.

뤼디거 자프란스키 지음, 김희상 옮김, 《지루하고도 유쾌한 시간의 철학》, 은행나무, 2016.

류동민, 《기억의 몽타주》, 한겨레출판, 2013.

류동민, 《서울은 어떻게 작동하는가》, 코난북스, 2014.

마르셀로 무스토 지음, 하태규 옮김, 《마르크스와 마르크스주의들을 다시 생각한다》, 한울, 2013.

무라타 사야카 지음, 김석희 옮김, 《편의점 인간》, 살림, 2016.

미하일 하인리히 지음, 김강기명 옮김, 《새로운 자본 읽기》, 꾸리에, 2016.

박태주, 《현대자동차에는 한국 노사관계가 있다》, 매일노동뉴스, 2014.

백승욱, 《생각하는 마르크스》, 북콤마, 2017.

서동진, 《자유의 의지 자기계발의 의지》, 돌베개, 2009.

스베틀라나 알렉시예비치 지음, 박은정 옮김, 《전쟁은 여자의 얼굴을 하지 않았다》, 문학동네, 2015.

스티븐 레빗·스티븐 더브너 지음, 한채원 옮김, 《세상물정의 경제학》, 위즈덤하우스, 2015.

앙드레 오를레앙 지음, 신영진·표한형·권기창 옮김, 《가치의 제국》, 울력, 2016.

이계형·전병무 편저, 《숫자로 본 식민지조선》, 역사공간, 2015.

이스트번 메자로스 지음, 전태일을 따르는 민주노동연구소 옮김, 《역사적 시간의 도전과 책무》,
　　한울, 2017.

이진경, 《근대적 시·공간의 탄생》, 푸른숲, 1997.

장 스타로뱅스키 지음, 이충훈 옮김, 《장 자크 루소 투명성과 장애물》, 아카넷, 2012.

장 자크 루소 지음, 서익원 옮김, 《신엘로이즈 2》, 한길사, 2011.

장하준 지음, 이순희 옮김, 《나쁜 사마리아인들》, 부키, 2014.

정아은, 《잠실동 사람들》, 한겨레출판, 2015.

제라르 뒤메닐·도미니크 레비 지음, 김덕민 옮김, 《현대 마르크스주의 경제학》, 그린비, 2009.

제임스 조이스 지음, 이상옥 옮김, 《젊은 예술가의 초상》, 민음사, 2001.

조정환, 《인지자본주의》, 갈무리, 2011.

조하나 보크만 지음, 홍기빈 옮김, 《신자유주의의 좌파적 기원》, 글항아리, 2015.

채만식, 《탁류》, 문학과현실사, 1994.

최정운, 《오월의 사회과학》, 풀빛, 1999.

카를 마르크스 지음, 김수행 옮김, 《자본론 I-상》, 비봉출판사, 2015.

카를 마르크스 지음, 김수행 옮김, 《자본론 I-하》, 비봉출판사, 2015.

카를 마르크스 지음, 김수행 옮김, 《자본론 III-상》, 비봉출판사, 2015.

카를 마르크스 지음, 김수행 옮김, 《자본론 III-하》, 비봉출판사, 2015.

칼 폴라니 지음, 홍기빈 옮김, 《거대한 전환》, 길, 2009.

토마 피케티 지음, 장경덕 옮김, 《21세기 자본》, 글항아리, 2014.

폴 리쾨르 지음, 김한식·이경래 옮김, 《시간과 이야기 1》, 문학과지성사, 1999.

폴 메이슨 지음, 안진이 옮김, 《포스트자본주의 새로운 시작》, 더퀘스트, 2017.

프랑코 모레티 지음, 조형준 옮김, 《공포의 변증법》, 새물결, 2014.

프랜시스 윈 지음, 김민웅 옮김, 《자본론 이펙트》, 세종서적, 2014.

프레더릭 테일러 지음, 방영호 옮김, 《과학적 관리법》, 21세기북스, 2010.

피터 드러커 지음, 이재규 옮김, 《프로페셔널의 조건》, 청림출판, 2012.

필리프 판 파레이스 지음, 조현진 옮김,《모두에게 실질적 자유를》, 후마니타스, 2016.

한강,《소년이 온다》, 창비, 2014.

해리 브레이버맨 지음, 이한주·강남훈 옮김,《노동과 독점자본》, 까치, 1998.

헨리 조지 지음, 김윤상 옮김,《진보와 빈곤》, 비봉출판사, 2016.

헬렌 야페 지음, 류현 옮김,《체 게바라, 혁명의 경제학》, 실천문학사, 2012.

泉弘志,《投下労働量計算と基本経済指標》, 大月書店, 2014.

伊藤誠,《サブプライムから世界恐慌へ》, 青土社, 2009.

伊藤誠,《資本論を読む》, 講談社, 2006.

岩井克人,《貨幣論》, ちくま學芸文庫, 1998.

小幡道昭,《価値論批判》, 弘文堂, 2013.

柄谷行人,《定本 柄谷行人集〈3〉トランスクリティーク: カントとマルクス》, 岩波書店, 2004.

松尾匡,《この経済政策が民主主義を救う》, 大月書店, 2016.

村上春樹,《騎士団長殺し: 第2部 遷ろうメタファ編》, 新潮社, 2017.

Carl Shapiro & Hal Varian, *Information Rules: Strategic Guide to the Network Economy*, Harvard Business School Press, 1999.

Costas Lapavitsas, *Profiting Without Producing: How Finance Exploits Us All*, Verso, 2013.

E. Mandel, *Late Capitalism*, New Left Books, 1975.

Fredric Jameson, *Representing Capital*, Verso, 2011.

John E. Roemer, *Value, Exploitation and Class*, Harwood Academic Publishers, 1986.

Martha C. Nussbaum, *Upheavals of Thought: The Intelligence of Emotions*, Cambridge University Press, 2008.

Michael A. Lebowitz, *Beyond Capital*, Macmillan, 1992.

Thomas Piketty, *Capital in the Twenty-First Century*, The Belknap Press of Harvard University Press, 2014.

논문

류동민, 〈마르크스 가치론의 논리구조와 현대적 의미〉, 《마르크스의 방법론과 가치론》, 한울, 2000.

류동민, 〈트랜스크리틱: 마르크스 정치경제학의 재구성〉, 《마르크스주의 연구》 제2권 제1호, 한울, 2005.

이상헌, 〈노동시간의 정치경제학〉, 《현대 마르크스경제학의 쟁점들》, 서울대학교 출판부, 2002.

이진경, 〈인공지능 이후의 자본의 축적체제〉, 《사회경제평론》 제30권 2호, 한국사회경제학회, 2017.

D. E. Saros, "The Turnover Continuum: A Marxist Analysis of Capitalist Fluctuations", *Review of Radical Political Economics*, 40(2), 2008.

Dick Bryan, Randy Martin & Mike Rafferty, "Financialization and Marx: Giving Labor and Capital a Financial Makeover", *Review of Radical Political Economics*, 41(4), 2009.

Guido Starosta & Alejandro Fritzsimons, "Rethinking the Determination of the Value of Labor Power", *Review of Radical Political Economics*, 2017.

Mavroudeas, S. and A. Ioannides, "Duration, Intensity and Productivity of Labour and the Distinction between Absolute and Relative Surplus-value", *Review of Political Economy*, 23(3), 2011.

Michal Kalecki, "Political Aspects of Full Employment", *Political Quarterly*, 1943.

찾아보기

시간은 어떻게 돈이 되었는가?

마르크스 경제학으로 본 자본주의 사회의 시간 전쟁

지은이 | 류동민

1판 1쇄 발행일 2018년 2월 12일
1판 3쇄 발행일 2019년 3월 4일

발행인 | 김학원
편집주간 | 김민기 황서현
기획 | 문성환 박상경 임은선 김보희 최윤영 전두현 최인영 정민애 이문경 임재희
디자인 | 김태형 유주현 구현석 박인규 한예슬
마케팅 | 김창규 김한밀 윤민영 김규빈 김수아 송희진
제작 | 이정수
저자·독자서비스 | 조다영 윤경희 이현주 이령은(humanist@humanistbooks.com)
조판 | 홍영사
용지 | 화인페이퍼
인쇄 | 청아문화사
제본 | 정민문화사

발행처 | (주)휴머니스트 출판그룹
출판등록 | 제313-2007-000007호(2007년 1월 5일)
주소 | (03991) 서울시 마포구 동교로23길 76(연남동)
전화 | 02-335-4422 팩스 | 02-334-3427
홈페이지 | www.humanistbooks.com

ⓒ 류동민, 2018

ISBN 979-11-6080-109-5 03320

• 이 도서의 국립중앙도서관 출판예정도서목록(CIP)은 서지정보유통지원시스템 홈페이지(http://seoji.
  nl.go.kr)와 국가자료공동목록시스템(http://www.nl.go.kr/kolisnet)에서 이용하실 수 있습니다.
  (CIP제어번호: CIP2018001145)

만든 사람들

편집주간 | 황서현
기획 및 편집 | 이보람 최윤영(cyy2001@humanistbooks.com)
디자인 | 김태형 유주현

NAVER 문화재단　파워라이터 ON 연재는 네이버문화재단 문화콘텐츠기금에서 후원합니다.

• 이 책은 저작권법에 따라 보호받는 저작물이므로 무단 전재와 무단 복제를 금합니다.
• 이 책의 전부 또는 일부를 이용하려면 반드시 저자와 (주)휴머니스트 출판그룹의 동의를 받아야 합니다.